JN002374

民衆こそ王者

池田大作とその時代

19

知性の武器庫——図書館篇

潮出版社

民衆こそ王者

池田大作とその時代⑲

「知性の武器庫《ぶきこ》——図書館」篇

目次

一、本書は月刊「潮」連載「民衆こそ王者――池田大作とその時代」を収録したものです。単行本化にあたり、全編にわたって修正・加筆しました（一部、敬称を略しました）。

一、文中の年齢、肩書き等は原則として連載時のものです。また、引用文中のルビは編集部によるものです。

一、『日蓮大聖人御書全集　新版』のページは〈新〇〇ページ〉、従来の御書ページは〈御書〇〇ページ〉と表記しました。御書本文は新版に合わせます。

装丁／金田一亜弥
カバー写真／高畠なつみ

創価大学の中央図書館を訪れた創立者の池田と妻の香峯子のもとに学生たちが集まる。定期試験の勉強に励む学生に、池田は「ご苦労さま。体を大切に。試験、頑張ってね」と語りかけた（二〇〇四年一月、東京・八王子市）

©聖教新聞社

民衆こそ王者

池田大作とその時代⑲

「知性の武器庫《ぶきこ》——図書館」篇

第1章 いじめられている側に立つ——中央図書館①

ユゴー、トルストイ、ホイットマン——。
青春時代に詩や小説を友にして歩んだ池田大作。
次の時代を担《にな》う若き人々に、
「読む」ことを通し「希望」を見出し、
「知る」ことを通し「生き抜く力《ちから》」を
湧《わ》き出すよう訴え続けてきた。
「読書」を通して青年を薫陶《くんとう》する池田の信条は、
やがて創価大学の「中央図書館」へと結実《けつじつ》していく。

南明子がビクトル・ユゴーの『レ・ミゼラブル』を読みたいと思ったのは、二十六歳の秋のことだった。

分厚《ぶあつ》い文庫本で四冊にも五冊にもなる長編小説である。きっかけは創価学会の全国青年部幹部会だった（一九九一年十月）。

最も壮大《そうだい》な光景《こうけい》は、人の心の中に

明子は鹿児島の串木野《くしきの》市（現・いちき串木野市）に住んでいた。会合は東京で行われたが、音声中継で聞いた。スピーチの途中、池田大作が『レ・ミゼラブル』の一節を紹介した。

〈海洋よりも壮大《そうだい》なる光景《こうけい》、

それは天空である。
天空よりも壮大なる光景、
それは実に
人の魂《たましい》の内奥《ないおう》である〉

（豊島与志雄訳）

この年、池田はユゴーのこの言葉に二度言及《げんきゅう》している。「私も、青年時代から大好きな言葉であった。仏法にも通じる英知が、詩的《してき》に表現されている」（同年四月のスピーチ、『池田大作全集』第七十六巻）。

創価大学の記念講堂内に立つビクトル・ユゴー像。かつて池田は、ナポレオン３世の圧政に対して言論の力によって戦ったユゴーの生き方を通し「民主主義の潮流みなぎる現代にあって、次代を推進していく、もっとも重要かつ根本的な、その武器は、言論をおいてはなにものもない」と訴えた ©Seikyo Shimbun

創価大学の講堂ロビーに、ブロンズの「ビクトル・ユゴー像」（エスプリ王者の像）が設置《せっち》されたばかりだった。二・七メートルの像を支える台座《だいざ》に、この一節が刻《きざ》まれている。

創大や創価女子短期大学には、ユゴーをはじめロシアの文豪トルストイ、アメリカの詩人ホイットマン、ポーランド出身の科学者マリー・キュリー、インドの詩人タゴールなどのブロンズ像が立つ。

最も見事な景色《けしき》は、ほかでもない、人間の心の中にある——明子はこの言葉が気になり、『レ・ミゼラブル』を手に取った。鹿児島の短大で国文学を専攻し、『万葉集《まんようしゅう》』に親《した》しんだ。もともと読書が好きだが、それだけが理由ではなかった。

「私は当時、建設会社で事務員として働いていましたが、上司《じょうし》との関係にも、同僚《どうりょう》との関係にも悩んでいました。先生のスピーチを聞いてから、職場の自分のロッカーに『レ・ミゼラブル』の文庫本を置いて、昼休みになると、ご飯を済ませてからの二、三十分を読書の時間にしました。〝自分の時間〟がほしかったんだと思います。本を読んでいる間、会社のことはいったんすべて忘れて、物語に没頭《ぼっとう》している自分に気づきました。人生を変える一冊になりました。

人間関係で悶々《もんもん》として苦しい時はロッカーに置いてある『レ・ミゼラブル』のことを思い出して、人生の出会いの大切さを考えるようにしました。少しずつ読み進めて一年半かけて読みきりましたが、あのころのことを思い出すと『感謝』という言葉が思い浮かびます」（南明子）

『レ・ミゼラブル』を読んだ思いを、明子は月刊誌「潮」の読者手記「人生を変えた一冊」に投稿している（二〇一六年十一月号）。

必要なのは、ただ「熱心に聞く」こと

池田のスピーチがきっかけで心が広がったという経験は、読書だけではなかった。

ある月の本部幹部会――池田はスピーチの冒頭、「『今朝《けさ》すばらしい虹《にじ》が出ました』という報告を、千葉の勝浦《かつうら》をはじめ、房総《ぼうそう》方面、大阪、その他、各地から多数いただいた」と語っている。

「五時何分かという早朝のことである。報告のほとんどが、『聖教新聞』を配達してくださっている『無冠《むかん》の友』からであった」（一九九二年九月のスピーチ、全集第八十一巻）

明子も聖教新聞を配達していた。「先生が〝ここに虹が出た、あそこにも虹が出たんだ〟という話をされたのが印象に残りました。その後、私の自宅からも虹が見えたり、新聞配達をしている時に虹が見えたり。職場の階段からも大きな虹が見えたんです。それはあまりにもきれいだったので、自分の心が洗われたように感じたほどです。先生の虹のお話が、希望の光に思えました」（南明子）。

この時――創価学会は、のちに「第二次宗門事件」と呼ばれる大きな嵐の中にあった。

日蓮正宗《にちれんしょうしゅう》（以下、宗門）が学会に対し、「解散勧告書《かいさんかんこくしょ》」や「破門通告《はもんつうこく》書」と題する文書を一

方的に送りつけたのは、一九九一年（平成三年）十一月のことだった。

宗門はその前年、池田を法華講総講頭《ほっけこうそうこうとう》から罷免《ひめん》。また、〃学会員がベートーベンの「歓喜《かんき》の歌」をドイツ語で歌うのは、キリスト教をほめる「外道礼讃《げどうらいさん》」である〃といった奇妙《きみょう》な難癖《なんくせ》を、幾《いく》つも突きつけてきた。

ベートーベンの交響曲《こうきょうきょく》第九番は、第四楽章でシラーの詩「歓喜の歌」を合唱する。その歌詞に「神々《かみがみ》」という言葉があり、宗門がかみついたのだが、全《まった》くの的外《まとはず》れだった。

シラーが書いた「神々」は、キリスト教のような一神教《いっしんきょう》の「神」ではない。古代ギリシャの神々に託《たく》し、「人間の内にある神々《こうごう》しい力《ちから》」を称《たた》えた表現といえる。

〃衣《ころも》の権威《けんい》〃を振るい、やがて信仰の対象である「御本尊《ごほんぞん》」を下付《かふ》しないという暴挙《ぼうきょ》に出た宗門は、自《みずか》ら世界宗教への道を閉ざしていく。

＊

「第二次宗門事件」の渦中《かちゅう》、池田はさまざまな文学の名作をひもときながら、それらの物語を現実の鏡《かがみ》として「今、起きていることの意味」を語り続けた。

――たとえば、イソップの寓話《ぐうわ》「冬と春」（一九九一年一月、全集第七十六巻）。春になると「皆、はつらつと動き、自由に活動する。歌も歌う。閉じこもっていたり、従順《じゅうじゅん》でいたりしない。冬には、それが気にいらない」。

「『権威』や『権力』を高めれば、人がついてくると思うのは、あまりにも人間を知らない

福岡ドームで盛大に開催された「アジア青年平和音楽祭」。フィナーレでは５万人によるベートーベンの〝歓喜の歌〟が轟（とどろ）いた（1994年11月、福岡市）
©Seikyo Shimbun

〝冬の論理〟である」

「仏法者は『冬』と戦い続ける『春』である。心を凍《こご》えさせる『権威の氷』を無力《むりょく》にする『人間性の春風』である」

――たとえば、イギリスの作家ジョージ・オーウェルの『動物農場《どうぶつのうじょう》』（同年二月、同）。スターリン主義を批判し、ヒトラーの偽善《ぎぜん》を暴《あば》いた。

「暴君《ぼうくん》を追い出しても、追い出した者のなかから、新たな、より巧妙《こうみょう》な暴君が出現する。（『動物農場』は）この歴史の〝宿《しゅく》命《めい》〟をわかりやすく描き出した現代の寓話である」

「人間が〝権力の魔性《ましょう》〟を克服《こくふく》しないかぎり、どんな革命、改革運動も、堕落《だらく》することを描いている。（中略）〝左〟であれ〝右〟であれ、問題は『人間』だということを、鮮《あざ》やかに示したのである。では、その『人間』をどうするのか。特権《とっけん》意識《いしき》を振り回す『権威的人間』を超えて、どう『民主的人間』を生み出すのか。ここに問題がある。ここに『人間自身』を革命しゆく仏法、信心の重大な意義がある。

そのうえで、最も民主的な日蓮大聖人の仏法の世界にあっても、『権威的人間』に支配される可能性はつねにある。そうなれば『広宣流布』の理想は実現できない。

民衆が賢明《けんめい》になる以外にない。そして悪とは戦わねばならない。

民衆の率直《そっちょく》な疑問や希望を権威で抑《おさ》えつけ、納得《なっとく》も信頼《しんらい》も与《あた》えようとしない人々。そうした存在と戦いぬかれたのが、大聖人の御生涯であられた。門下の私どもが同様に、正義を訴えるのは当然である。横暴な権威・権力と一生涯、戦ってこそ、真の『民主的人間』となる」

――たとえば、フランスの劇作家モリエールの戯曲《ぎきょく》『タルチュフ』(同年四月、同)。えせ宗教家を笑い飛ばしたこの芝居《しばい》は大評判になるが、本物のえせ宗教家たちの逆鱗《げきりん》に触《ふ》れた。

「(『タルチュフ』を)上演、朗読をすることはもちろん、見ても聞いても『破門』にする、と、まったく正気《しょうき》とは思えぬ〝お達《たつ》し〟まで出されるのである。

結局、『タルチュフ』は、天下晴れて大衆の前で演じられるまで、五年間もいわれなき迫害《はくがい》を受け続けた。一つの劇でさえ、そうである。いわんや大衆の正義の運動が迫害を受けるのは当然であろう」

他人をあやつろうとする人間こそ「権力の魔性《ましょう》」のあやつり人形である

日本国内だけではない。池田はドイツ、フランス、イギリスなどヨーロッパの四カ国を訪れた際、ルクセンブルクの会合でベネルクス三国（ベルギー、オランダ、ルクセンブルク）のメンバーを前に、ドイツの作家エンデの名作『モモ』を紹介した（同年六月、全集第七十七巻）。

「小さな女の子モモが、『民衆の心まで管理《かんり》する管理社会』の悪と戦う物語である」

モモは〝相手の話を聞く名人〟だった。

「彼女は、ただじっと座って注意深く聞いている。大きな黒い目で、じっと見つめながら、真剣に耳をかたむける。

すると――。話しているほうは、自分でも驚《おどろ》くような良い考えが浮かんでくる。また、迷《まよ》っていた人は、自分の気持ちがはっきりしてくる」

「モモが心をかたむけて真剣に聞いてくれるうちに、自分が、世界中でたった一人しかいない、かけがえのない人間なんだと信じられるようになる。

これらは、まさに宗教本来の役割《やくわり》である。人に勇気、希望、意志、指針を与え、かけがえのない使命に目覚めさせる。それが、ただ『熱心に聞く』という行動だけで、成《な》し遂《と》げられているのである。現代人が求めているものは何か——その答えの方向性が、この物語にはこめられていよう」

「『聞くこと』『ゆったりと対話すること』は、仏教の本来の精神でもあり、教育の基本でもある」

二十六カ国・地域の青年部リーダーが東京に集まった際には、チェコの作家チャペックの戯曲『ロボット』を論じた（同年七月、同）。

「他人をロボットのように見くだし、自在にあやつろうとする人間。その人間こそ、『権力の魔性』のあやつり人形、ロボットなのである」

「学会もこれまで『会長本仏論』など、こちらが聞いたこともない（笑い）、想像すらできないような珍説《ちんせつ》をたてているかのごとく宣伝《せんでん》され、それを圧迫《あっぱく》の口実《こうじつ》とされてきた。そのたびに『ああ、御書《ごしょ》（日蓮の遺文集《いぶんしゅう》）と法華経《ほけきょう》の仰《おお》せどおりの悪人たちの行動だな』（笑い）と、私どもは仏法への確信を強めてきた。（拍手）

ともあれ、こうした悪の本質を〝知っている〟ことが『力《ちから》』となる」

＊

池田がスピーチに込めた知恵の数々を、学会員たちは何万人もの規模《きぼ》で、国境を越えて共有し、宗教的権威の仮面《かめん》を剝《は》ぎ、前に進む力を得ていった。

青春の日々に、古今東西の名作を「読む」ことを通し、恩師《おんし》の戸田城聖《じょうせい》（創価学会第二代会長）から厳しく鍛《きた》えられた池田。何を読むのか。どう読むのか。どうすれば「読む」ことが「希望」になり、「知る」ことが「生き抜く力」につながるのか。師から学んだ一切を、あとに続く弟子たちに一つ残らず伝えようとしてきた。その継承《けいしょう》のドラマを追う。

ユゴーを読めば、いつも勇気がわいてきた

「第二次宗門事件」に応じて池田が語ったスピーチのなかでも、とりわけユゴー文学への言及は多い。一九九一年（平成三年）だけで十回を超える。

ユゴーは『レ・ミゼラブル』を通して「どんな人でも変わることができる」という希望を描いた。また〈これまで書き言葉にはほとんど使われたことのない民衆の話し言葉を取り入れた〉といわれる（デイヴィッド・ベロス『世紀の小説「レ・ミゼラブル」の誕生』立石光子訳、白水社）。

若き日の池田を知るうえでも、ユゴーの存在は欠かすことができない。

〈ユゴーは、私の青春の書であった。

真夏のある夜、『レ・ミゼラブル』を手に、雑司ケ谷《ぞうしがや》の墓地《ぼち》に行って、筵《むしろ》に座り、懐中電灯《かいちゅうでんとう》を片手に読んだ思い出もある。どこよりも静かで涼《すず》しかったからである。

また、恩師・戸田先生から遺言《ゆいごん》のごとく「この本を」と、小説『九十三年』をいただき、青年の有志《ゆうし》で回し読みしたこともある。

ユゴーを読めば、いつも勇気がわいてきた。心が広々《ひろびろ》としてきた。くよくよするな！　一喜《いっき》一憂《いちゆう》するな！　天を見よ、歴史を見よ、汝自身《なんじじしん》の無限《むげん》を見よ！　大きな天窓《てんまど》から新鮮《しんせん》な空気が、どっと吹《ふ》きつけてくる感じがした。敗戦《はいせん》直後の日本である。混沌《こんとん》としていた。ユゴーの時代も同じだった。共和《きょうわ》政治と専制《せんせい》政治、革命と弾圧の間で、振《ふ》り子《こ》のように揺《ゆ》れていた。

その中で、ユゴーには不動《ふどう》の基準《きじゅん》があった。〈私は、いじめられている側《がわ》に立つ〉。これである。

「試練《しれん》を受ける人々のあいだに、私は自分のテントを張ろう」（辻昶《つじとおる》・稲垣直樹訳『ユゴー詩集』所収「懲罰詩集」から）

私は感動した。これでなければ。これが正しい。これが正義だ。

「レ・ミゼラブル」の意味も「惨《みじ》めな人々」である。苦しむ人々への愛。そして、彼らを無視《むし》し、いじめ、いばる人間への激怒《げきど》！〉（池田のエッセーから、二〇〇二年四月二十一日付「聖教新聞」）

＊

とりわけ『レ・ミゼラブル』の主人公ジャン・バルジャンは、創価学会員にとってなじみ深い存在である。「SOKAチャンネルVOD（ビデオ・オン・デマンド）」にも彼が登場し、仏法の生命観——十界互具《じっかいごぐ》——を理解するうえで大切な役割を担《にな》っている。

「十界」とは地獄《じごく》、餓鬼《がき》、畜生《ちくしょう》、修羅《しゅら》、人《にん》、天《てん》の「六道《ろくどう》」に、声聞《しょうもん》、縁覚《えんがく》、菩薩《ぼさつ》、仏《ほとけ》を加えた十種類の境涯《きょうがい》である。これらがすべて人間の生命に具《そな》わっている不思議《ふしぎ》を、「十界互具」という。

「……十界の境涯は心の状態をあらわすとともに、生き方の傾向性《けいこうせい》、一人ひとりの生き方の基《き》盤《ばん》を示すものでもあります。お金や権力に執着《しゅうちゃく》し、欲望のままに生きる人生。社会に貢献《こうけん》し、人々のために尽くす献身《けんしん》の人生。人の生き方の中にも十界の境涯があらわれます。また、一人の人生の中で、その傾向性《けいこうせい》が劇的《げきてき》に変化することがあります。その人生のドラマは、文学や芸術の世界でも数多く描かれてきました。

ビクトル・ユゴーの名作『レ・ミゼラブル』。主人公ジャン・バルジャンは一片《いっぺん》のパンを盗《ぬす》んだのがきっかけで、十九年間、監獄《かんごく》に入ります。

真人間《まにんげん》になることを誓《ちか》い、社会で成功を収めますが、過去の罪《つみ》は消せず、警官《けいかん》に執拗《しつよう》に追われます。

不幸な娘コゼットを救い出し、逃亡《とうぼう》生活。ようやく安らかな晩年《ばんねん》が訪れますが、激しい革命の渦《うず》に巻き込まれ、ジャン・バルジャンは自らの命を捨てる覚悟で青年を守ろうとする……」

（SOKAチャンネルVOD「やさしい仏法用語 仏法の生命観 十界論」から）

『レ・ミゼラブル』のあらすじを追いながら、仏法の世界に入っていく。

「……一人の人間の中に、あまりに大きな心の変化や、人生観の変貌《へんぼう》がありました。

ジャン・バルジャンは一片のパンに飢《う》え、投獄《とうごく》による『地獄』の日々、迫《せま》り来る警官におびえるなど、さまざまな縁《えん》によって翻弄《ほんろう》される『六道』の人生を歩んできました。このように人間の命は、外からの縁に触れることで常に揺《ゆ》れ動くのです。

しかし、晩年のジャン・バルジャンは、少女コゼットやフランス革命に燃える青年たちとの出会いを通し、自分の身にどんな危険がおころうとも、彼らに献身《けんしん》していくという大いなる『菩薩』の信念に立って行動し、それを貫《つらぬ》き通しました」

「仏法では、変貌するジャン・バルジャンの人生の中で、『地獄界の生命』に生きる時も、『菩薩界の生命』に生きる時も、同じジャン・バルジャンの生命であるととらえます。

どんな人間であっても、一人の中に『十界』のすべての境涯が、可能性として内在《ないざい》している。生命を重層的《じゅうそうてき》、総合的《そうごうてき》にとらえるのが仏法の生命観なのです」（同）

――「どんな人でも変わることができる」という十界互具のメッセージに迫《せま》るため、仏法になじみのない、まったく異《こと》なる文化の物語が用いられた。ジャン・バルジャンの人生を「宿命転換《しゅくめいてんかん》」「人間革命」について考えを深めるための、一つのモデルとして取り上げているのである。

ジャン・バルジャンに再生のきっかけを与えた恩人《おんじん》はミリエル司教《しきょう》である。高潔《こうけつ》な人物であ

ユゴー文学の翻訳・研究の第一人者として著名なフランス文学者の辻昶と会見する池田（1993年11月、東京・八王子市）。**同席した辻の妻・智子は、「主人は、ユゴー一筋の人ですから。これも、ユゴーのとりもつご縁ということでございますね」と二人の出会いを喜んだ。辻は晩年、『ヴィクトル・ユゴー文学館』全10巻**（小社刊）**の完成に向け心血を注いだ** ©Seikyo Shimbun

り、実在のモデルがいるのだが、じつは、彼の親族はユゴーに抗議《こうぎ》の手紙を送っている。ユゴーはミリエルを通して、当時の聖職者の腐敗《ふはい》を批判したからだ。『レ・ミゼラブル』で描かれた〈虚飾《きょしょく》を嫌い、貧《まず》しい者や虐《しいた》げられている者に尽くす司教の姿は、カトリックの聖職者たちのふだんの行ないへの暗黙《あんもく》の非難〉（前掲『世紀の小説「レ・ミゼラブル」の誕生』）だったのである。

＊

ユゴー文学の日本語訳で名高い辻昶《つじとおる》は、「私の一生を律《りつ》したユゴーのことを考えるとき、どうしても忘れられない人がいます。それは創価学会名誉会長の池田大作先生です」と語り残している（『我が人生・文学・出会い――ユゴーと「人間革命」』聖教新聞社）。

ユゴーが取り持ってくれた縁だった。辻は

岩波文庫に収められた『九十三年』や『ノートル＝ダム・ド・パリ』（共訳）、そして『レ・ミゼラブル』（小社刊）など多くの名訳《めいやく》を手がけた。『ユゴー詩集』（同、共訳）は日本翻訳《ほんやく》文化賞を受けた。ユゴーの長編小説と池田の小説『人間革命』の共通点――師弟愛《していあい》や社会背景の描き方――を論じたこともある。

「第二次宗門事件」が起こった時には、ユゴーの思想をもとに「古い殻《から》に閉じこもった僧侶《そうりょ》たち」を厳《きび》しく批判《ひはん》し、学会員にエールを送った。池田はそうした辻の言葉を会合で紹介した。

「あらゆる宗教には、〝宗教的要素〟と〝社会的要素〟があります。宗教が社会的要素を無視した場合、その宗教は独善的《どくぜんてき》になり、信徒《しんと》を見下《みくだ》し、時代遅《おく》れで閉鎖的《へいさてき》な教団《きょうだん》と化《か》してしまいます。

ユゴーが、当時、閉鎖的な教団となっていたカトリックの聖職者《せいしょくしゃ》を激しく責《せ》めたてた理由の一つも、この点にあったのです」（一九九三年八月の池田のスピーチから、全集第八十三巻）

「みんなで守るんだ。それ以外ないんだ」

「社会に背を向け、みずから布教《ふきょう》の苦労もせず、ただ信徒を見下すことのみに腐心《ふしん》する。まったく、ユゴーが徹底的《てっていてき》に嫌《きら》った聖職者の悪い見本のような姿になっています」

「十六世紀に、マルチン・ルターがローマ教会の腐敗《ふはい》を攻撃して宗教改革に立ち上がりましたが、このとき、ルターは信仰の基準《きじゅん》を『教会』ではなく、『聖書《せいしょ》』に求めた。ユゴーも同じく、神父《しんぷ》を全面的に信じることはやめて、キリスト教自体に信仰の原点を求めた。

今日、創価学会が〝平成の宗教改革〟をめざして日蓮《にちれん》（大聖人《だいしょうにん》）の原点である『御書』を基準に信仰を深めているのも、たいへん重要な意味があると思います」（同）

辻昶は一九九三年（平成五年）の秋、創価大学を訪れた。講堂ロビーのユゴー像を見上げ、創立者の池田と語り合った。

池田は二十代から辻の翻訳でユゴーに親しんだ感謝を伝え、辻はユゴーが世界史に与えた影響について語った。

〈（辻昶先生は）「ユゴーの文学は、トルストイに受け継がれ、各国の独立運動に影響しました。中南米が植民地《しょくみんち》支配から解放される戦いをしたときも、ユゴーが精神的な支えになったのです」と教えてくださった。第二次大戦中のレジスタンス運動でも、中国の近代化への革新《かくしん》運動でも、ユゴーがよく読まれたそうである〉（前掲の池田のエッセー）

*

辻昶が創価大学を訪れたこの年の夏――池田は学生の前で、自らの蔵書《ぞうしょ》を創大に贈る旨《むね》を発表している。

「……私も、少年時代から集めた本が約七万冊にのぼっている。すべてを読めたわけではないが、お金のないときも、本だけはわが子のように大切にしてきた。
それらの中には、戦《せん》時中《じちゅう》、防空壕《ぼうくうごう》に入れて守ったため、かなり傷《いた》んでいるものもある。
その七万冊の本を、創価大学に寄贈《きぞう》したい」（第二十二回「滝山祭」のスピーチ、全集第六十巻）
「池田文庫」と名づけられたその蔵書は、現在、中央《ちゅうおう》図《と》書館《しょかん》に収められている。

中央図書館が完成したのは、一九七八年（昭和五十三年）の早春《そうしゅん》だった。それまで使われていた〝初代〟の図書館（ラーニング棟《とう》の地下）は六万冊の蔵書から始まったが、中央図書館は三十七万冊から始まり、現在は約一〇〇万冊を所蔵《しょぞう》する（二〇二〇年三月末現在）。

竣工《しゅんこう》した翌日、池田は正面の長い階段をのぼり、出来上がったばかりの中央図書館を見上げた。「左側に大きな『図書館桜《ざくら》』を植えよう」と提案し、一階の書《しょ》庫《こ》に入ると「ずいぶん（本が）入っているね。いい本があるね」「学生が喜ぶだろう。戸田先生もお喜びくださる」と笑顔で語った。

三階まで階段をのぼりながら、時折《ときおり》、愛《いと》おしそうに木製の手すりをなでた。短い滞在《たいざい》の間、「ここに絵を飾《かざ》ろう」「この辺をもう少しきれいにしよう」と提案が続いた。

正面の階段で大学職員たちと記念撮影し、「自分たちの城なんだ。世界なんだ。だから自分たちで守るんだ。みんなで守るんだ。それ以外にないんだ。客観《きゃっかん》視《し》しないで、『俺《おれ》がいるんだ』『俺がいれば』という気持ちでないといけない」と励ました。

*

創価大学の中央図書館。現在、同大学には理工学部のフレイザー図書館、看護学部の白樺（しらかば）**図書館、法科大学院図書室も設置され、学ぶ環境が拡充している** ©Seikyo Shimbun

翌月の入学式のスピーチで池田は、一冊の小説に触れている。

「……有名な夏目漱石《そうせき》の小説『三四郎《さんしろう》』（岩波文庫）の中に、東京の大学に合格し、熊本から上京した三四郎が、初めて大学の図書館に入るシーンが出てきます。

『何を読むかにいたっては、別に判然《はんぜん》した考えがない』しかし、何か蔵書の奥にたくさんの〝未知《みち》の世界〟があるように思う。『三四郎は一年生だから書庫へはいる権利がない。しかたなしに、大きな箱入りの札目録《ふだもくろく》を、こごんで一枚一枚調べていくと、いくらめくってもあとから新しい本の名が出て来る。仕舞《しまい》に肩が痛くなった』

こうして三四郎は図書館に親しんでいくわけですが、もっとも驚《おどろ》いたことは、どんな本を借りても、だれかが一度は目を通しているという事実の発見であった。試《こころ》みにアフラ・ベーンという作家の小説を借りてみると、やはり読んだ形跡《けいせき》は、はっきりある。

そこで三四郎は『これは到底《とうてい》やりきれないと思った』（同前）というのであります。私は、このくだりを思い返してみて、いかにも新入生らしい新鮮《しんせん》さとすがすがしさに、思わず微笑《びしょう》をおぼえるのであります」

理論のみでは説得できない　振る舞いによる以外にない

図書館のどんな本にも、誰かが目を通した跡《あと》がある――漱石の小説を通して、池田は大学のあるべき姿を見ていた。

「諸君は一年生でも、書庫に入れないことはないでしょう。本を借りても、だれも目を通していない場合も多いにちがいない。なぜなら、新しく購入した本がほとんどだからです。したがって、三四郎のように『やりきれない』と思うこともないでしょう。

しかし、諸君が書を読むことによって、やがては後輩《こうはい》たちが三四郎と同じ心境《しんきょう》を味わうようになる日がくることでしょう。

〝先輩はみんな読んでしまっている。やりきれないな〟という光景を思いおこすだけでも、楽

創価大学の中央図書館を訪れ、蔵書を見学する池田。大学職員らの労をねぎらうとともに、「図書館は大学の心臓部」であると語り、〝「学生第一」で一層の充実を〟と望んだ（2004年1月、東京・八王子市）©Seikyo Shimbun

しくなってくるのであります。伝統というものは、そうした長い年月のなかに築《きず》かれていくのであります。

諸君たちが、大いに学び、心身《しんしん》を鍛え、まだまだ若い創価大学の草創期《そうそうき》を双肩《そうけん》に担い、見事な、栄《は》えある伝統を培《つちか》っていく姿を思い描くたびに、私の胸には希望がわき上がってくるのであります。

現代は、希望に満ちあふれた諸君の初心《しょしん》が、そのまま、すくすくと成育《せいいく》していけるような生やさしい社会でないことも、私は十分承知しているつもりであります。

しかし、そのなかで生きぬき、何らかの事実の証拠を残していっていただきたいのであります。

身近な例でいっても、創価大学がどう評価されるかは、創価大学生、また出身者の、事実の振《ふ》る舞《ま》いによる以外にないことは、明瞭《めいりょう》であります。高邁《こうまい》な理論のみでは、人々を説得することはできません。諸君が、未来の現実の舞台の上で、どう活躍していくかという、事実の重みのみが、私の何にも勝《まさ》る期待なのであります」（創価大学第八回入学式のスピーチ、創価大学創立30周年記念出版『創立者の語らい（上）』創価大学学生自治会）

*

あふれるような期待を新入生に語る池田を、会場の一角《いっかく》から見つめながら、誇《ほこ》らしく思う人々がいた。そのなかの一人、隠岐《おき》勝《まさる》は今から半世紀前、職場である創価大学まで木刀《ぼくとう》を持って通勤《つうきん》したことがある。「今から考えるとおかしいですよね」と言って笑う。

「創価大学が開学する前、国鉄（当時）の八王子駅から出るバスは工学院大学まで。そこから創大までは小さな山を越えるイメージですね。車の走る大きな道路もまだありません。通勤の途中で野良犬《のらいぬ》が群《む》れをなして出ることがあったんです。だから木刀を持っていきました」

勝はやがて図書館の整理《せいり》課長《かちょう》を務める。開学前から準備に奔走《ほんそう》した。

大学の職員になる前は京都に住む同志社《どうししゃ》大学の二部学生だった。「昼間は同志社大学の図書館で働き、夜学《やがく》で勉強していました」。

高校時代は新聞配達のアルバイトをしながら学校に通った。「家が貧《まず》しかったけれども、何とか大学に行きたくて同志社大の職員になったんです」。働き始めて五年後、法学部の二部学生になり、残業《ざんぎょう》のない図書館勤務に異動《いどう》した。

翌年の開学に向けて槌音（つちおと）が響く創価大学の敷地を訪れ、視察する池田（1970年11月、東京・八王子市）。３学部４学科から始まった同大学は現在、８学部10学科、６研究科、２専門職大学院へと発展し、通信教育部も充実している ©Seikyo Shimbun

転機《てんき》は一九六八年（昭和四十三年）の夏だった。関西で行われた学生部の会合に池田が出席した（京都大学、同志社大学の大学会結成式）。その場に集《つど》った勝の事情を聞いた池田は、「創価大学をつくるから、いらっしゃい」と声をかけたのである。

「青天《せいてん》の霹靂《へきれき》です。まさか自分が東京に行くなんて想像もしていませんでしたから。ほんまにビックリしました」と振り返る。

「東京で暮らし始めて、創大の設立準備《せつりつじゅんび》財団《ざいだん》に入り、図書館の準備に取り組みました。まだ司書《ししょ》の資格をとっていなかったので、昼は大学設立の準備、夜は東洋大学の夜学に通って司書の勉強。自宅に帰るのは毎日終電《しゅうでん》でした」

創大の栄光門《えいこうもん》に近い一角に、プレハブづくりの簡素《かんそ》な「理科《りか》実験棟《じっけんとう》」（当時）があった。そこが仕事場になった。

「がらんどうだった理科実験棟にスチール本棚をたくさん並べて、『図書館準備棟』として使ったんです。まだ大学の教室も何もできていません。すべての建物がトンテンカン、トンテンカンと工事中でした」（隠岐勝）

丹木《たんぎ》の丘《おか》の一隅《いちぐう》に、次々と本が届く。創価大学は経済学、法学、文学の三学部四学科から始まった。「それぞれの学部に必要な本が揃《そろ》っているのか、文部省《もんぶしょう》（当時）の役人のチェックもとても厳しかった」（同）。

数人のスタッフで重い本を並べては、足りない本を検討《けんとう》し、次第に棚が埋まっていく。

この、埃《ほこり》っぽい平屋《ひらや》の〝仮設《かせつ》図書館〟を池田が訪れたのは、創価大学が開学する前の年、季節が秋から冬に向かう寒い日のことだった。

第2章 大学は庶民のオアシスたれ——中央図書館②

創価大学が開学する三年前、
幾人《いくにん》かの学生が「創大の図書館で働きたい」と申し出る。
池田大作はその志《こころざし》に応じ、戦争中から〝わが子〟のように
大切にしてきた本の思い出を語り始めた。
読書こそ人生の最大の武器——この池田の心を形にするために
奮闘した人々のドラマを追う。

もうすぐ創価大学の文系校舎《ぶんけいこうしゃ》が出来上がる、という時だった。地上八階、地下一階。塗《ぬ》り上がったばかりのクリーム色の壁《かべ》が、午後の光に照らされていた。

「非常に鮮《あざ》やかな色ですね。久しぶりに新鮮《しんせん》な空気も吸ったし、じつに気持ちがいい」

校舎を見上げて池田大作は笑顔になった。屋上に上《のぼ》り、建設用地《けんせつようち》を一望《いちぼう》した。工事関係者たちに「一つ一つが誠意《せいい》を込めて作られています」と声をかけた。一九七〇年（昭和四十五年）の十一月二十八日。八王子は都心と比べて冬の訪れが早い。しかし、まだ秋の気配が残っていた。

「生活は大丈夫か」

前年から吹き荒れた「言論出版問題」の暴風雨《ぼうふうう》の中、創価学会の世帯数はこの年の一月末、七五〇万に達した。池田は、恩師《おんし》である戸田城聖《じょうせい》（創価学会第二代会長）が「七十五万世帯の弘教《ぐきょう》」を果たしてからの十二年間で、十倍にまで広げたのである。

文系校舎の屋上から、切り崩《くず》しつつある丘《おか》の斜面《しゃめん》が見えた。「安全第一」の大きな看板が立てられている。あと四カ月余りで第一期の入学生を迎え入れなければならない。

この日、建設現場の視察《しさつ》は午後二時前から始まった。池田がプレハブづくりの理科実験棟《りかじっけんとう》に向かったのは、午後三時ごろだった。

建設中の創価大学を訪れた池田。文系校舎やグラウンドなどに足を運んだ（1970年11月）©Seikyo Shimbun

理科実験棟は、図書館のための本が数万冊並び、急ごしらえの〝仮設《かせつ》図書館〟になっていた。中に入った池田は、ずらりと並ぶ本棚を見回した。そして一冊の本の背表《せびょう》紙《し》に手を伸ばした。

「それは文庫本や新書よりも少し大きめの本で、日本美術の全集の一冊でした。『これ、いい本なんだよ』と懐《なつ》かしそうに手にとられて『装丁《そうてい》が、いいんだ』と」（隠岐《おき》勝《まさる》）

隠岐勝は創大の開学前から図書館の準備

にあたってきた。蔵書《ぞうしょ》のレベルが文部省《もんぶしょう》（当時）のチェックを通るかどうかに神経をすり減らし、没頭《ぼっとう》する日々だった。この日、池田から「生活は大丈夫か」と尋《たず》ねられた。

「そこまで経済的には困っていなかったのですが、ヨレヨレのスーツを着ていたので」と苦笑《にがわら》いしながら振り返る。「大学の創立者というものは、こんなところまで足を運ぶのか、一人の職員のそんなところまで見るのか、心配されるのか、と感じて胸がつまりました」。

〝陰《かげ》で闘《たたか》う〟ことの大切さを教わった

開学に向けて、どの部門でもハードな仕事が続いていた。図書館の蔵書整理に携《たずさ》わっていた平田幸也《さちや》は、開学前後のキャンパスについて「周りはまだまだ雑木林《ぞうきばやし》と畑が多かった。私は方向音痴《おんち》なので、最初のころは理科実験棟の建物を出て少し歩いたら、どっちが東か西かわからなくなりました」と笑う。

創価大学を選んだ学生を迎え入れるために、何ができるか。当時の努力の一端《いったん》をうかがえる証言がある。

家具メーカーの天童木工《てんどうもっこう》は、日本で初めて「成形合板《せいけいごうはん》」の技術を取り入れたことで知られる。社長の加藤昌宏《まさひろ》は、創価大学の人気講座「トップが語る現代経営」に招《まね》かれた折、次のように語った（二〇一七年十一月）。

「実を言いますと、私が、創価大学に来たのは、今度が初めてではないのです。大学が開学した一九七一年当時、私は、東京支店の仕事で、創価大学に納品《のうひん》に来たことがあるんですよ。図書館の閲覧机《えつらんづくえ》とか、各教室の演台などを搬入《はんにゅう》するためでした。

　それから何年か後にも納品のために訪問したのですが、その時、お会いした先生から、私は、素晴らしい言葉を聞いたんです。

『私ども創価大学で、素晴らしい什器《じゅうき》備品・家具を使うのは、学生時代から、一流品とはこういう物だよということを、しっかりと経験・体験させたい。そのために御社《おんしゃ》、「天童木工」の製品にしたんです』と。

　いやぁ、それを聞いた時に、何と素晴らしい大学だろう、と感動しました」（『トップが語る現代経営41』創価大学出版会）

　大学の備品の場合、若い学生がどんな使い方をするかわからないから、壊《こわ》れてもいい物を納めることが少なくないという。創価大学が開学した昭和四十年代は、大学紛争《ふんそう》でキャンパスが荒れた時代だった。

「それをあえて良い物を使って、若いうちから良い物に触《ふ》れさせ、そして、目を養《やしな》っていく。そういうことが、一つの大きな将来への力《ちから》になるんですね。そういう面で、創価大学の学生の皆さんは、素晴らしい環境の中で勉強できるんだな、ということを、その先生から教えられま

した」（同）

*

新しい本と古い本の匂《にお》いがまざり合う〝仮設図書館〟で、池田は「八王子は、いいところだ」と語った。

「八王子の『八』は『開く』義《ぎ》であり、『王』は『師子王《ししおう》』の王であり、『子』は『師子王の子』という意味です。師子王の子が、四方八方に散っていくんだ」。そして「なんでも最初は大変なんだ。だから、やりがいがある」と続けた。

桑原千恵子は「あの日、池田先生が本棚を見渡して『いい本がそろっているなあ』としみじみと言われたことが何よりの励みになりました」と語る。「準備に携わっていた私たちに『あなた方は生々《しょうじょう》世々、大学者に生まれるよ』『生涯《しょうがい》、本に困らないよ』と励まされ、〝陰《かげ》で闘《たたか》う〟ことの大切さを教わりました」。

当時、真新しい大学で学生に尽くす喜びを千恵子は〈森と空と雲と……武蔵野《むさしの》を吹く緑の風が、今、私の胸を大きくふくらませている。こんなにも幸福でいいのだろうか？　ふと思ってしまう〉と手記に綴《つづ》っている。まだ大学の敷地《しきち》に建物ができる前、図書館に収《おさ》める本の一部は、小平市に創立されたばかりの創価高校に保管されていた。

「一時期、私たちの出勤先《しゅっきんさき》は創価高校でした。創価高校も、まだ一年生から三年生までそろっておらず、空《あ》いている教室があり、四万冊弱の本を置かせていただきました」（桑原千恵子）

創価大学の図書館を視察する池田（1973年10月）。この日、池田は英文の書籍2000冊を寄贈し、学生たちの世界への雄飛を念願した ©Seikyo Shimbun

千恵子が母とともに創価学会に入ったのは一九五一年（昭和二十六年）の秋。病弱《びょうじゃく》だった自分の体が元気になっていくのがうれしかった。

「高校三年の冬、たまたま池田先生にお目にかかる機会がありました。先生は、そばにいた父に対して〝娘さんが大学に行きたいなら、行かせてあげればどうか〟と声をかけてくださり、それまで私の進学希望に反対していた父の心が変わりました」

千恵子は法政大学の二部に進み、働きながら学んだ。二年生の時、一部に転入。図書館の司書《ししょ》の資格をとる。在学中、法政大学の学生部員たちが池田と懇談《こんだん》する機会があった（一九六八年十二月十五日）。

学生からはさまざまな質問が出た。〝大胆《だいたん》に生きたいという気持ちはあるのだが、一歩退《ひ》いてしまう〟という声に対し、池田は「それでいいんだよ」と答えた。「それが正常だよ。『大胆にして細心《さいしん》』だ。あなたはあなたらしくいきなさい。それで調和がとれているんですよ。ただ大胆なだけの人がいるが、どこか危《あぶ》なっかしい」。

また「スランプになる時期がある」という悩みには「誰だってスランプはある」と応じた。

「芸術、政治、学業などにしても、生活、夫婦の仲、個人の人生、信心においても、（スランプが）あってはいけないが、あるんだ。それが自分のリズムなんだ。〝スランプになっているから、やめてしまう〟ではいけない。誰でもあるんだよ。私だってある」

「誰だって調子の悪い時は多々《たた》ある。決して自分の信心が悪いとか考えてはいけない。このことは、（学会活動で）部員さんを指導する時に大事だから覚えておきなさい。激励《げきれい》が必要なんだ」

「苦しい時に集めた本は私の子どもだ」

すでに創価大学ができることが発表されていた。この懇談の場で、桑原千恵子と佐藤ひとみが創大の図書館で働きたいと池田に伝えている。

「私は中学二年の夏休み、台東体育館で行われた女子部幹部会で初めて先生のスピーチを聞い

て、こんな世界があるのかという驚きで、目の前が開けた思いがしました」（佐藤ひとみ）

それは、女子部が結成されて十年という節目の年だった。池田は、これまで若くして亡くなった女子部員を、彼女たちの両親にも集まっていただいて、私たちの手で追善供養《ついぜんくよう》したい――と提案している。

一万人が集まった大きな会合で、まるで家族に対するように、一人ひとりに語りかける池田の姿に、ひとみは心を動かされた。

「弟の博一《ひろかず》を病《やまい》で亡くした時、近所の学会員さんが御書《ごしょ》（日蓮《にちれん》の遺文集《いぶんしゅう》）の『兄弟抄《きょうだいしょう》』（御書一〇七九ページ、新一四六八ページ）を引いて励ましてくれたことも忘れられません」

「また、先生は学生部総会で創価大学をつくるという話を発表されました。いつ創大ができるかは、まだわかりませんでしたが、できればそこで働いてみたいと強く思ったんです」（佐藤ひとみ）

ひとみは法政大学の二年から三年に進む時、二部から一部に転入した。「母も仕事で忙しく、夜学《やがく》の時は十五歳年下の妹を連れて授業に出たこともありました」と笑顔で語る。

池田は、学生たちからの思いがけない申し出に顔をほころばせ、「今日はとっても晴れがましいよ」と応じた。

「（創大の）図書館は立派なものをつくります」。そう言って、自《みずか》らの蔵書に言及《げんきゅう》した。

「苦しい時、神田の古本屋で一冊ずつ買い求めに行ったり、防空壕《ぼうくうごう》に疎開《そかい》させたりした、私の

〝子ども〟だ」

池田が求めた本は、一人暮らしを始めてからは、青葉荘《あおばそう》や秀山荘《しゅうざんそう》の木製の本棚に置かれ、座談会などで訪れた人々や、男子部の第一部隊のメンバーたちが借りて読み合うこともあった。法政大の学生たちと懇談した時点で、蔵書の数は三万冊を数えていた。その後、わが子のように大事にしてきたという本の多くを、池田は創価大学に寄贈《きぞう》した。

〝本物を育てる〟には、いささかの妥協《だきょう》もあってはならない

別の機会に、池田は次のように語っている。

「かつて私も数万冊の個人的蔵書があった。少年時代から読み、少しずつ集めた書物である。戦時中は、防空壕に避難《ひなん》させたりして、それはそれは大切にしてきた。今や創大や聖教《せいきょう》新聞社にほとんど寄贈してしまったが、青春時代、本こそ私の友であった。片時《かたとき》も手放さないくらい、読書に挑んだ。

戸田先生の訓練《くんれん》も厳しかった。あれは読んだか、これはどうだ――。読むべき本を読んでいなかったら、激しく叱《しか》られた。また何を聞かれても、きちんと答えられなければならなかった。学会の本当の人間鍛練《たんれん》が、そこにはあった。時代は変わっても〝本物を育てる〟この精神に

は、いささかの妥協《だきょう》もあってはならない」(一九八八年八月のスピーチ、『池田大作全集』第七十一巻)

ノンフィクション作家の草柳《くさやなぎ》大蔵《だいぞう》は、池田に取材した際、二十代の池田が戸田城聖から個人教授を受けたテキストのうち二十冊を借り、目を通している(『実力者の条件』文藝春秋)。

池田は、経済的に窮地《きゅうち》に陥《おちい》った戸田を支えるため、夜学の道を断念《だんねん》した。日本が太平洋戦争に敗《やぶ》れてから四年。〈(昭和)二十四年暮《く》れから二十六年の春まで、連日のように悪戦《あくせん》苦闘《くとう》がつづいたのである〉(「私はこう思う」、全集第十八巻)。

〈多くの社員は一人去り、二人去り、いつか債権者《さいけんしゃ》と渡り合うのは、私一人になってしまった。私の健康も生活の不如意《ふにょい》も危殆《きたい》に瀕《ひん》し

創価学会の第7回学生部総会。席上、池田は〝仮称「創価大学」、あるいは、仮称「富士文化大学」を設立してまいります。その大学で、世界の平和に寄与する大人材を、大指導者をつくり上げていきたい〟と創価大学の設立構想を発表した(1964年6月、東京・台東区)©Seikyo Shimbun

ていたが、先生のもとを去ることはなかった。むしろ、地獄《じごく》の底までも、お供《とも》しようという決心が、いつかついていたのである。（中略）

「ぼくは事業にやぶれたが、人生に、仏法にはやぶれない」

恩師は、御自分の使命だけを自覚されていたのであろう。それが私には痛切《つうせつ》に感じられたのだ。一切は、ここから再建の途《と》に向かったのである。

恩師の事業再建と、学会の再建のため、学業を抛棄《ほうき》せざるをえなくなった、一人の弟子の私を憐《あわ》れんで、先生は言った。

「ぼくが全部教えてやるからな」

それから数年にわたって、先生のお宅や、朝早く会社で、個人教授が始まったのである。法律、政治、経済、物理化学、天文学《てんもんがく》、漢文《かんぶん》といった科目を、外国語を除《のぞ》いて、あらゆることを懇切《こんせつ》に教えて下さった。先生は、御自分のなかにある、すべての学問を、私に移そうとさえしたのである〉（同）

池田は草柳大蔵に、戸田の〈講義そのものは仏法の十界論《じっかいろん》・生命論を基礎《きそ》にしたもの〉で、

「ものすごくわかりやすかった」と語っている。

戸田によるこうした個人教授は、のちに「戸田大学」と呼ばれ、その歴史が知られるようになった。

草柳は池田の苦心《くしん》の跡《あと》が刻《きざ》まれた本を手に取り、〈どの本も最終《さいしゅう》頁《ページ》まできちんと赤線がひ

かれ、書きこみのしてあるのにはおどろいた〉と記《しる》している。

＊

その二十冊には、御書や「水滸会《すいこかい》」で読み合った小説は入っていない。池田が戸田から教わった分野がじつに幅広《はばひろ》いことがわかる。

歴史──矢田俊隆『世界史』、熊谷幸次郎『日本史　概説《がいせつ》と問題点』。

法学──尾高朝雄『法学概論《がいろん》』、鵜飼《うかい》信成『憲法』、国家学会『新憲法の研究』、林信雄『日本労働法』。

政治──ジョン・ゴラン『イギリスの政治制度』、鈴木安蔵『政治学』。

経済──高田保馬『経済学原理』、波多野鼎《かなえ》『経済学入門』。

自然科学──シャーウッド・テーラー『新科学大系』に属する『物質のすがた』『動力』『波』『化学』『生命』『地球と天体』、副読本《ふくどくほん》としてジョージ・ガモフの『ガモフ全集』。

これらの他に、太田哲三『会計学』、高田保馬『社会学概論』、一柳寿一『地学概論』、青野寿郎『人文地理新研究』が挙げられている。

「戸田大学」とスコラ哲学

創価大学の「池田文庫」に収められている矢田俊隆の『世界史』（有精堂）を見ると、ローマ帝国のページに〈民主／専制《せんせい》〉、ソクラテス以前の哲学者を紹介したページに〈根源《こんげん》の探《たん》究《きゅう》〉などと書き込まれている。

〝中世ヨーロッパの文化〟のページには、〝六月二十五日〟に学んだ書き込みがあった。そのページで池田が線を引いたのは、「スコラ哲学」の箇所《かしょ》だった。

スコラ哲学とは、カトリックの教義《きょうぎ》のもとに生まれた神学や哲学などのことで、西洋の学問の礎《いしずえ》になった。

〈スコラ哲学の全盛期《ぜんせいき》である一二～三世紀になると、全ヨーロッパに大学が興《おこ》り〉という一文に続き、その代表としてイタリアのボローニャ、フランスのパリ、イングランドのオックスフォードが挙げられている（矢田『世界史』から）。

これらの大学は、日本の帝国大学のように国家がつくったものではなく、〈教師と学生の団体〉から始まった経緯《けいい》も記されている。

池田は、のちにこれらの大学をすべて訪れた。ボローニャ大学からは記念講演《きねんこうえん》を求められ、ルネサンスの巨人レオナルド・ダ・ヴィンチの生き方を通して国連の未来を論じた（一九九四年六月）。

また、自ら創立した創価大学では「スコラ哲学と現代文明」と題し、講演している（一九七三年七月、全集第一巻）。

「創造的《そうぞうてき》人間たれ」「創造的生命の開花を」「迫害《はくがい》と人生」などと並び、今も創大や創価女子短大の学生たちが学ぶ「スコラ哲学と現代文明」は、〝はたして「信じること」と「知ること」は、分けられるのか〟という大きなテーマから、人類の未来を展望《てんぼう》するものだった。池田は、

「真実の宗教を基盤《きばん》とし、真実の信仰を核《かく》として、そこにあらゆる学問も、理性、感情、欲望、衝動《しょうどう》等も統合《とうごう》し、

イタリア・ボローニャ大学での「ドクター・リング」授与式で、「レオナルドの眼と人類の議会――国連の未来についての考察」と題して記念講演をする池田（1994年6月）©Seikyo Shimbun

正しく位置づけた、新しい人間復興《ふっこう》の哲学が要請《ようせい》される」

と結論した。そのためには、「大学という〝形〟は副次的《ふくじてき》なものかもしれない」とも語った。

「最大の緊急事《きんきゅうじ》というべきものは、現代に耐《た》え、現代を導《みちび》くに足《た》るだけの哲学の樹立《じゅりつ》であり、その基盤をなす真の宗教の確立であります。

未来を担う大学の誇《ほこ》りにかけても、その使命とする道は何であるか——その答えは、皆さんの胸の中に既《すで》にあることを私は固く信じて、今日の話を終わりたいと思います」

大学を舞台にした、こうした教育の挑戦も、その源《みなもと》は二十代の「戸田大学」の日々にあった。

好きなだけ本が読めることは「平和の象徴」

「池田先生から、防空壕に入っていた本、その後に買い集めた本についてお話をうかがったことがあります。大学の図書館に先生のどれほどの思いが込められているか、はかりしれません」。そう語る吉田良佑《りょうすけ》は、創大の図書館準備の責任者だった。のちに中央図書館の初代事務長を務める。

「先生は開学前、図書館準備棟に居合わせた私たち一人ひとりの名前を聞いて、生活の状況を聞いてくださいました」

池田は、本に埋《う》もれて作業を続けているスタッフに「大学は『庶民《しょみん》のオアシス』に」と語り、世の中から離《はな》れた〝象牙《ぞうげ》の塔《とう》〟に閉じこもらないよう、戒《いまし》めた。

「大学を中心に〝城下町《じょうかまち》〟ができなければいけない。そうでないとエリートになってしまう。エリートは良い面と悪い面とがあり、今の時代は悪い面ばかり出てしまう。創価大学は庶民のオアシスとして、自由に入ってこられるような空気をつくるんだ」

大学につくるレストランの話題になると「（学生が）気軽に行って『おじさん、ちょっと休ませて』とか、『カレーばかりじゃなくて、もっとおいしいもの食べさせてよ』とか言える、楽しい場所をつくりたいなあ」とイメージをふくらませた。

また、「広宣流布《こうせんるふ》」の中心は学会本部のある信濃町《しなのまち》だが、「文化の中心はこちら（創価大学のある八王子）になるんだ」とも語った。のちに東京富士美術館が建つことになる場所は、まだ鬱蒼《うっそう》とした雑木林《ぞうきばやし》だった。

今も文系校舎の前に立つ一対《いっつい》のブロンズ像「天使と鍛冶屋《かじや》」「天使と印刷工《いんさつこう》」も話題になった。

「天使が栄光の笛《ふえ》を吹いている。重さは二〇〇〇貫《かん》（約七・五トン）だ」「栄光を指さし、労働者を忘れない、という意味だよ」

＊

吉田良佑にとって、「好きなだけ本が読める」ことは「平和の象徴《しょうちょう》」だった。

太平洋戦争が終わった時、七歳だった。家は東京・江戸川の逆井《さかさい》にあったが、福井に疎開していた。

「五歳年上の兄の篤美《あつみ》は、学童疎開で山形にいました。しかし、昭和二十年の三月は、たまたま東京に出て、逆井の家に泊《と》まっていたのです」

一九四五年（昭和二十年）三月十日、東京の下町をアメリカ軍の爆撃機《ばくげきき》が襲《おそ》った。東京大空《だいくう》襲《しゅう》である。

〈本所《ほんじょ》区、深川区、城東《じょうとう》区の全域、浅草区、神田区、日本橋区の大部分、下谷《したや》区東部、荒川区南部、向島《むこうじま》区南部、江戸川区の荒川放水路《ほうすいろ》より西の部分など、下町の大部分を焼き尽くしました。罹災家屋《りさいかおく》は約27万戸、罹災者は約１００万人でした〉

〈焼死《しょうし》、窒息死《ちっそくし》、水死《すいし》、凍死《とうし》など、９万５０００人を超える方が亡くなりました〉（「東京大空襲・戦災資料センター」のウェブサイトから）

逆井の一帯は、江戸川区で最も被害が大きい地域だった。

「私の母と兄、そして三人の妹があの空襲で命を奪《うば》われました。警察官《けいさつかん》だった父は、たまたま任務で家を離《はな》れており、生き残りました」（吉田良佑）

敗戦《はいせん》から三年後、良佑は東京に戻る。「戦後、私を初めて見た時の父の笑顔は忘れられません」。

自分の手の届かないところで、愛する母を、家族を奪われた。兄の篤美は本が大好きだった。それらの本も跡形《あとかた》もなく焼き払われた。

本を読む習慣を身につければ「希望」が消えることはない

良佑は、中学受験では「戦争で焼かれず、図書室に本が多い学校」を探し、千葉の市川学園に進んだ。

「中学に入って『本を読みたいだけ読める喜び』を感じました。それが、本の大事さに気づき、本の仕事に就《つ》くことになった淵源《えんげん》かもしれません」（吉田良佑）。「本が読める」ことが「平和の象徴」——戦禍《せんか》に巻き込まれ、生き延びた子どもたちの多くが、同じように感じ、育っていった。

一九五五年（昭和三十年）の九月、父の亘《わたる》が創価学会に入った。翌年の三月、高校卒業を前にした良佑も信心を始めた。「父が『お母さんと、お前のきょうだいの命日《めいにち》だから』と言ってくれて、私は三月十日に入会しました。父は仏法を知って、先生に出会って、生きることについてさらに真剣になったように思います」。

＊

池田は中学生に向けて、「読書」をめぐり、自分の子ども時代は今とどれほど世の中が違《ちが》っていたのか、語っている（普及版『希望対話』「本が苦手」の章から）。

池田　じつは私の小さいころは、子どもは今のように「本を読みなさい」と言われなかったんだ。

――そうなんですか？

池田　人によったら「本なんか読んでないで、家の手伝いをしなさい！」とか、「本を読みすぎると、なまいきになるから、あんまり読むな」とか言われたものです。

小説とか、「教科書以外の本」を読んでいたら、取り上げられた人もいる。

――信じられないくらい、今と違いますね。

池田　子ども向けの本なんか、ほとんどない。図書館だって、ろくにない。

だから、そんな時代に育った私たちの世代から見たら、「本がつまらない」と言う人は、まるで「食《た》べ放題《ほうだい》のごちそうを目の前にして、『食べたくない』と、そっぽを向いている人」のように見えるのです。

――本当に、もったいないですね。

池田　そう。「もったいない」としか言いようがない。

「本を読む楽しさ」を知らないということは、人生の巨大《きょだい》な損失《そんしつ》です。こんな不幸なことは

創価大学の中央図書館を訪れた創立者の池田と妻の香峯子のもとに学生たちが集まる。定期試験の勉強に励む学生に、池田は「ご苦労さま。体を大切に。試験、頑張ってね」と語りかけた（2004年1月、東京・八王子市）©Seikyo Shimbun

ない。

いっぱいの宝物《たからもの》に囲《かこ》まれながら、その価値を知らないために、貧《まず》しい暮《く》らしをしている人のようだ。

「本を読む楽しさ」を習ったら、それは「タイムマシン」か「万能《ばんのう》飛《ひ》行《こう》機《き》」を手に入れたようなものです。

本は、どんな時代の、どんな国へだって、連れていってくれる。

五千年前のピラミッドの王国にだって、ルネサンスのイタリアにだって、信長《のぶなが》や秀吉《ひでよし》がいた戦国時代にだって行ける。

時を超え、空を超え、どこへでも行ける。いや、「その時代に、そこにいた人だって知らなかった」ようなことまでわかる。

――考えてみたら、本当にすごいことですね。

池田　しかも、本は逃げない。いつでも、どこでも、開きさえしたら、たちどころに飛んでいける。電車の中でも、バス停でも、学校の休み時間でも、トイレの中でも。（笑い）

――魔法《まほう》みたいですね！

池田　そうなんだ。自分の経験だけだと「一人分の人生」だが、本を読むことで、無数《むすう》の人の経験《けいけん》や知識や、ドラマを学ぶことができる。

一生の「心の友だち」もできる。もう死んでしまった大偉人《だいいじん》や大文豪《だいぶんごう》と「会話」もできる。

「本の発明」は、人類の歴史の中で、最大の発明の一つです。

この発明品の「使い方」「楽しみ方」を覚えたら、もう人生は、最大の武器《ぶき》を手に入れたようなものだ。

本は知識をくれる。

本は感動をくれる。

本は勇気をくれる。

本は思いやりをくれる。

本を読む習慣さえ身につけておけば、その人の道に「希望」が消えることはないのです。

一冊の本が、人の命を救うこともあるんだよ。

――人の命を？

池田　クラスでいじめにあって、来る日も来る日も死ぬことを考えていた中学三年の女の子がいた。

　ふと、自分の本棚に埋《う》もれていた一冊の絵本を手にとった。

　それは、幼稚園《ようちえん》のころに読んだ『はなをくんくん』という絵本でした。

　森で冬眠《とうみん》していたクマ、リス、ネズミ、そしてカタツムリまで……森中《もりじゅう》の生きものたちが、何かのにおいに誘《さそ》われて、次々に目が覚《さ》めた。

　はなをくんくんさせながら、みんな、雪の中を一斉《いっせい》に走っていく。

　何が、みんなを、こんなに走らせているんだろう？

　そのわけは、最後のページでわかる。

　雪の中に咲いた「黄色い一輪《いちりん》の花」を見つけて、動物たちが笑い、踊《おど》りだしているんだ。みんなで「春の訪れ」を喜んでいる絵だったのです。

　彼女は、動物たちが笑顔で、自分に、こう語りかけているように思った。

　今は、どんなに心が寒くても、いつかきっと花が咲《さ》くんだよ！　だから、死んじゃいけない。君は、これから「心の春」を迎えるんだから――と。（NHK―BS「週刊ブックレビュー」編『本という奇跡』メディアパル、参照）

　本に救われたのです。

　本って、すごいね！

池田が紹介したこの女の子は、一冊の絵本を心の杖《つえ》にして、生きる道を選ぶことができた。いじめを乗り越える力《ちから》を得た瞬間のことを、こう綴っている。

〈絵本の中の動物たちの笑顔が涙でかすんで、まるで実際に動きながら笑い転《ころ》げているように見えた。そこで再び気がついた。長い間本当の笑顔を忘れていたことを。涙を流すのを忘れていたことを。無《む》表情《ひょうじょう》で無《む》感動《かんどう》の、ロボットのようだった私に、表情と、感動する心を取り戻させてくれたのは、この本に他ならない〉（前掲『本という奇跡』）

独善《どくぜん》や無知《むち》と戦う「知性の武器庫《ぶきこ》」

吉田良佑は高校を卒業した後、商社勤務《しょうしゃきんむ》を経《へ》て、特許庁の「万国工業所有権資料館《ばんこくこうぎょうしょゆうけんしりょうかん》」（当時）で働き始める。「あの職場で司書としての訓練《くんれん》を受けました。夜は都立大学の二部で法社会学を学びました」。

やがて創価学会本部の職員になり、聖教新聞社の資料室長に。「記者の半歩先を行こう」を合言葉に設備《せつび》を整《ととの》えた。

池田が提案し、現在も続く「図書贈呈《ぞうてい》運動」の立ち上げにも関わった。「図書贈呈は『人間教育運動』の一環として始まったものです。最初の贈呈先は西表島《いりおもてじま》の中学校でした。とにかく池田先生の沖縄の子どもたちにかける強い思いを感じながら、本を選びました」。

どの学校に送る時も、現地に送る前に、一冊ずつ落丁《らくちょう》はないか、シリーズもので欠けている巻《かん》はないか、確かめていった。

北海道・別海《べつかい》町への贈呈は、釧路《くしろ》でトラックに本と本棚を積み込み、数時間、悪路《あくろ》と格闘して現場に向かった。「着いた時は砂ぼこりでトラックの幌《ほろ》も真っ白だったんですけど、本を待ち受けていた子どもたちの笑顔を見た瞬間、うれしかったなあ」と振り返る。

各地の学校から届く「子どもたちの読書意欲《いよく》が伸びた」「読書感想文のコンクールで入賞できた」という便りがうれしかった。

西表島の竹富町立大原中学校への図書贈呈の目録を読み上げる池田（1974年2月、沖縄・石垣市）。**これまでに創価学会が図書を贈った国内の教育施設は延べ1350以上、55万冊を超える** ©Seikyo Shimbun

ナチスドイツによる焚書（ふんしょ）（1933年5月、ベルリン）。**アメリカのニューヨーク・タイムズ紙は「文学に対するホロコーストだ」と非難した** ©akg-images／アフロ

創価大学の図書館は、学生の半歩先を行こう――この思いで準備に取り組んだ。池田から〝一〇〇万冊の蔵書〟という目標が示された。

＊

池田は〝書物に最大の損害《そんがい》を与えるものは戦争である〟という言葉を通して、こう綴っている。

〈戦争と、そして権力者の焚書《ふんしょ》によって、どれほど多くの（本という）「理性《りせい》の器《うつわ》」が犠牲《ぎせい》になったことか。

ユダヤ人の詩人ハイネは「本を焼く者は、やがて人間を焼く」と言った。ナチスによる焚書と強制収容所《きょうせいしゅうようじょ》を予言した言葉となった〉

〈日本でも、戦時中、全国の図書館で、多くの本が「没収《ぼっしゅう》」や「閲覧禁止《えつらんきんし》」になった。そういうなか、抵抗《ていこう》して、貴重《きちょう》な文献《ぶんけん》を護《まも》り通した図書館人《としょかんじん》もおられる。また空襲で自分たちの家さえ焼ける中、何十万冊もの図書の疎開を敢行《かんこう》した方々もいる。

図書館は、独善《どくぜん》や無知《むち》と戦う「知性の武器庫《ぶきこ》」である。今も全国で多くの図書館関係者が献《けん》身的《しんてき》な活動をしておられる〉（二〇〇二年七月二十一日付「聖教新聞」）

ヒトラー率《ひき》いるナチスドイツは、一億冊の本を葬《ほうむ》ったといわれる。対するアメリカは、国をあげて一億四〇〇〇万冊もの本を戦場のアメリカ兵の手元に送った。

それは〝思想と思想の戦い〟だった。アメリカを率いた大統領フランクリン・ルーズベルトは「私たちは皆、本が燃《も》えることを知っている――しかし、燃えても本の命は絶《た》えないということも良く知っている。人間の命は絶えるが、本は永久に生き続ける。いかなる人間もいかなる力も、記憶を消すことはできない。いかなる人間もいかなる力も、思想を強制収容所に閉じ込めることはできない」「私たちは、この戦いにおける武器は本であることを知っている」と語った（モリー・グプティル・マニング『戦地の図書館』松尾恭子訳、東京創元社）。

二〇一一年（平成二十三年）――今から十年以上前に起こったシリア内戦では、周りを包囲《ほうい》されたダラヤという町で、爆撃の中、地下に図書館をつくり、一万四〇〇〇冊もの本を集めた人々がいた。

その中心者だった学生はＢＢＣ（英国放送協会）の記者に語っている。

「ぼくは思うんです。本は雨のようなものじゃないかなって。雨はすべての者に分けへだてなく降《ふ》りそそぎます。そして、雨の降りそそぐ土地に草木《くさき》が育つように、本を読むことで人間の知恵は花開くんです」（マイク・トムソン『戦場の秘密図書館』小国綾子編訳、文溪堂）

〈人類の平和を守る
　フォートレス（要塞《ようさい》）たれ〉

この言葉を建学《けんがく》の精神に掲《かか》げた創価大学。〝要塞〟を強くする武器があるとすれば、それこそが本ではないか。武器をいかにそろえるか。いかに使いやすく整《ととの》えるか。図書館の準備に臨《のぞ》んだ人々は、創立者の心を形にするために試《し》行《こう》錯《さく》誤《ご》し続けた。その間も、池田は大学に本を贈り続けた。

初代の図書館がラーニング棟《とう》の地下一階に完成した。池田が足を運んだのは、開学して三年目の秋だった。

吉田良佑たちスタッフの前で、池田は〈人間《にんげん》之《の》王者《おうじゃ》〉と認《したた》めた大きな額《がく》を除幕《じょまく》した。

第3章

「人間《にんげん》之《の》王者《おうじゃ》」を育てよ——中央図書館③

創価大学が開学して三年目の秋、
池田大作はラーニング棟《とう》地下の図書館を初めて訪問。
池田が認《したた》めた「人間《にんげん》之《の》王者《おうじゃ》」の額《がく》の除幕式が行われた。
「世界一の図書館員になりなさい」
——池田の励ましに、スタッフたちは「学生を〝人間の王者〟として
育てよう」と知恵を絞《しぼ》り、全力を尽くしていく。

「創価大学図書館の〝蔵書《ぞうしょ》の第一号〟は、古代ギリシアの詩や思想を扱《あつか》った本でした」

中央図書館の初代事務長を務めた吉田良佑《りょうすけ》が語る。

『思想の歴史』（平凡社）というシリーズの、第一巻「ギリシアの詩と哲学」――編集を担当したのは、ギリシア哲学、とくにプラトンの研究で知られる田中美知太郎《みちたろう》だった。

「生命論を始めておく必要がある」

池田大作は、「生と死」について本格的に論じた際、田中の一篇《いっぺん》のエッセーを手がかりにして、読者を日蓮仏法《にちれんぶっぽう》の生命観へ導いた。一九七二年（昭和四十七年）の秋から創価学会の理論《りろん》誌《し》「大白蓮華《だいびゃくれんげ》」で連載され、小社から刊行された『生命を語る』である（『池田大作全集』第九巻に収録）。連載が始まったのは、創価大学の開学から一年後のことだった。

池田には「生命の問題に対して、もう一歩突っ込んで思索《しさく》しようという動きが、二十世紀から二十一世紀にかけて、世界的に沸《わ》き起こってくることでありましょう。……そのときのために、どうしてもいま、生命論を始めておく必要がある」という問題意識があった（一九七二年十一月の講演）。

この二年前――「言論出版問題」の渦中《かちゅう》、創価学会は「七五〇万世帯」に至《いた》った（一九七〇年一月末）。

翌年（七一年）四月には「創価大学」が開学。さらに翌七二年、創大に二期生を迎えたひと月後――池田はロンドンで歴史学者アーノルド・トインビーとの対話を始めた（単行本『民衆こそ王者』第十四巻に詳述）。同年秋には〝二十世紀最大の宗教建築〟といわれた「正本堂《しょうほんどう》」が完成する。

「言論出版問題」が起こった七〇年（昭和四十五年）は、「公害《こうがい》国会」の年でもあった。この年の夏、東京で初めて「光化学《こうかがく》スモッグ注意報」が出ている。

「四大公害病」（水俣《みなまた》病、新潟水俣病、イタイイタイ病、四日市ぜんそく）のうち、初めて公害病に認定されたのはイタイイタイ病だが、その認定に最も力《ちから》を尽くした政党は公明党だった。

『紀ノ川』などで知られる作家の有吉佐和子《ありよしさわこ》は、ベストセラーになった『複合汚染《ふくごうおせん》』で〈公害に最も大きい関心を寄せ、熱心に勉強し、実績《じっせき》をあげている政党は、どの革新《かくしん》政党よりも公明党だと、住民運動をしている人たちは口を揃《そろ》えて言う〉と言及した。

水俣病の患者たちを支える現場では、作家・石牟礼《いしむれ》道子の「今まで水俣にいて考えるかぎり、宗教も力を持ちませんでした。創価学会のほかは、患者さんに係《かか》わることができなかった」という証言に象徴《しょうちょう》される、学会員たちの同苦《どうく》の日々があった（『石牟礼道子対談集　魂の言葉を紡ぐ』河出書房新社）。

池田は七〇年の秋、「日本は〝公害実験国〟か！」（「文藝春秋」）、「人間と環境の哲学」（「東洋学術研究」）と題する長文の論考を、立て続けに世に問うている。

「精神の公害」を見破れ

「文藝春秋」の依頼で書いた論考では、公害を企業の責任による、〈未必《みひつ》の故意《こい》の殺人〉と厳しく断《だん》じた（小説『新・人間革命』第十五巻「蘇生」の章に詳述）。

さらに、その筆鋒《ひっぽう》は未来に及んだ。

〈近い将来には、コンピューターなどによる、精神的な障害《しょうがい》、束縛《そくばく》も、新しい〝公害〟を生みだしていくにちがいない〉（『池田大作全集』第十八巻）

その〝精神の公害〟は、肉体をむしばむ公害よりもはるかに深刻《しんこく》である。

それは〈人間の思考や感情を自由に操《あやつ》る、史上かつてない独裁《どくさい》政治を現出《げんしゅつ》してしまうかもしれない。しかも、それは、科学文明の発達という美名《びめい》に隠《かく》れて、民衆からは、盛大な歓迎をうけながら、いつのまにか絶対的な権力を握《にぎ》っているということになるだろう。

これを見破り、食い止めるためには、肉体的な側面だけでなく、精神的な側面からも、人間の健全なあり方とはどのようなことかを考え直し、一つの技術開発が、この人間存在に対してどういう意味をもつかを思索していかねばなるまい。そして、危険なものを感じたら、決して黙《だま》っていてはならない〉（同）。

作家の有吉佐和子（右）、石牟礼道子 ©アフロ

池田は『若き友へ贈《おく》る』という箴言集《しんげんしゅう》に、

〈何よりも精神公害を
　恐ろしいと知ったが故《ゆえ》に
私は　あらゆる公害の本源《ほんげん》を
　救済できる巨大にして正常な
　　大気を発散せしむる
　　　信仰を持続する〉

と綴《つづ》っている（全集第三十八巻）。
いっぽう、もう一つの論文「人間と環境の哲学」では、
〈現象面《げんしょうめん》だけの、小手先《こてさき》の治療《ちりょう》ではなく、文明それ自体の〝体質〟をつくり直すことから始めなければな

らない〉

と論じ、大乗仏教《だいじょうぶっきょう》の可能性に光を当てている。池田はこれらの視点を、トインビーとの対話をはじめ、折《おり》あるごとに繰《く》り返し訴えてきた。人間がつくりだした公害への危機感、そして大乗仏教の視点は、現在、青年部をはじめ世界各地のメンバーが取り組む環境《かんきょう》運動の基盤《きばん》になっている。

『生命を語る』もまた、「日本」という一国の枠《わく》を超える、こうした激しい動きのなかで編《あ》まれた。

＊

田中美知太郎は、〈わたしたちは自分の何を知っているだろうか〉と問いかける（『人生論風に』新潮社）。

たとえば―― 〝赤ん坊のころの私〟と〝現在の私〟は、はたして同じ人間なのだろうか――と。

自分の生まれた瞬間について〈わたしたちは直接には何も知らない〉〈生《うま》れたての赤ん坊が、自分は誰から生れて来たかを、その場で確認するなどということはできないからである〉(同)。

昔の人は、永遠の「たましい」を信じた。今の人は、そんな考えを恥ずかしいと感じるかもしれない。

〈しかし赤ん坊と現在の自分とをつなぐ何ものかを信ずることは、むかしの人が「たましい」

の不滅《ふめつ》を信じた事情と、どれだけの違いがあるのか疑問である〉（同）と。

――『生命を語る』で池田は、この田中の鋭《するど》い問いをめぐって〝少なくとも、小さいころの自分と今の自分が、同じ生命だと信じるなら、生命が生と死を繰り返しつつ続いていくのだという説を軽々《かるがる》しく否定したり、馬鹿《ばか》にして笑うことはできない〟と語る。

「現代人は、死とともに生命が消滅《しょうめつ》することを、自明《じめい》の理《り》のように思いがちだが、これほど大きな錯覚《さっかく》もないでしょう。

この私たちの生命が、無《む》に帰《き》することを前提にして、死の恐怖《きょうふ》におびえる人もいるし、また、現世《げんせ》の苦《く》から逃《のが》れるために一挙《いっきょ》に死を選ぼうとする人もいる。ところが、少し精密《せいみつ》に考えると、前提《ぜんてい》そのものがまったくの幻想《げんそう》だったりする」（全集第九巻）

＊

また、池田は「水」が蒸発《じょうはつ》し、「水蒸気」になる例をひいて、仏法の生命観を語る。

――現代の人々は、空に浮かぶ雲も、降りそそぐ雨も、水蒸気も、同じ「H_2O」だということを知っている。

水を「生の姿」、水蒸気を「死の姿」と考えると、「どちらもH_2Oです。……それでありながら、液体と気体の区別はある。私たちの生命も、その本性《ほんしょう》をたもったままで、生と死の二つの相《そう》を示すのです。しかも、水の循環《じゅんかん》のように、生と死を繰り返しつづけるのだというふうに考えられないだろうか」（同）。

『法華経の智慧《ちえ》』で三世《さんぜ》（過去世、現世、未来世）の生命観を論じた際は、有名な〝パスカルの賭《か》け〟を紹介している。パスカルは十七世紀フランスの科学者、宗教思想家である。

「もし人が『死後の生命がある』ほうに賭けて生き、死んだとする。その結果、賭けに負けた――すなわち、じつはそれが存在しなかったとする。それでも『あなたは何も損《そん》をしないではないか』。一方、『死後の生命はない』ほうに賭けて生き、死んだとする。それでも、もし、死後の生命が実在《じつざい》していたら、もう取り返しがつかない。生きている間に善行《ぜんこう》を積《つ》んで、死後に備《そな》えていればよかったと思っても、もう間《ま》に合わない。だから、死後を信じるほうに賭ければ、賭けに勝てば幸福だし、負けても何も失わない。反対のほうに賭けて、賭けに負ければ、取り返しがつかない――と。

こう冷静に考えれば、死後の生命を信じるほうに賭けることは――つまり宗教を受け入れることは、きわめて『合理的な選択』であり、理性的である人ならば、これ以外の選択はないという論理です。異論《いろん》もあるかもしれないが、私はパスカルの理論には今でも説得力があると思っている」（普及版『法華経の智慧』〈中〉、四七三ページ）

一篇のエッセーから、「生と死」という仏法の根本に触れ、読者を案内していく――池田の対談集には、多種多様《たしゅたよう》なテーマが含まれている。

少しでも読みやすい本棚《ほんだな》に

池田が創大の図書館を初めて訪れた時には、すでに〝欧州連合《おうしゅうれんごう》（ＥＵ）の父〟といわれるクーデンホーフ＝カレルギー伯《はく》との対談が世に出ていた（『文明・西と東』一九七二年）。『私の釈《しゃく》尊観《そんかん》』や『生命を語る』（ともに七三年）も刊行されている。

一九七五年（昭和五十年）には歴史家のトインビー、実業家の松下幸之助、七六年にはフランスの作家アンドレ・マルロー、七七年には作家の井上靖《やすし》と、次々に対談集や往復書簡《おうふくしょかん》集を出版。「言論出版問題」を境《さかい》にして、池田の言論の舞台は、ますます広がっていった。

池田の著作は対談集にとどまらず、多くのジャンルに及ぶ。「報恩抄《ほうおんしょう》」「撰時《せんじ》抄」「御義口伝《おんぎくでん》」「開目《かいもく》抄」「観心本尊《かんじんのほんぞん》抄」「立正安国論《りっしょうあんこくろん》」など御書《ごしょ》（日蓮の遺文集《いぶんしゅう》）の講義をはじめ、小説『人間革命』の第一巻も、六六年（同四十一年）にはすでに出版されていた。

『私の人生観』（七〇年）などの随筆《ずいひつ》や、箴言集『若き友へ贈る』（七一年）、詩集『青年の譜《ふ》』（七二年）もあれば、「日中国交正常化提言」（六八年）などの提言、先に触れた「人間と環境の哲学」（七〇年）などの論文もある。

池田の対談相手には医師や天文学者もいる。〝小宇宙《しょううちゅう》〟である人間自身を探る「医学《いがく》」。〝大宇宙〟を旅する「天文学《てんもんがく》」。すべて仏法の生命論を軸《じく》に、結びつけ、つなごうと試みてきた〝智慧の体系《たいけい》〟〝人間学の系譜《けいふ》〟である。

これらを少しでも読みやすいかたちで本棚《ほんだな》に並べられないか。創立者の思想の全体像を、一覧できる本棚をつくれないか――梁取玲子《やなとりれいこ》は創大の図書館職員として、この点に最も苦心《くしん》したと振り返る。

創大の職員になる前、玲子は父親が営《いとな》んでいた小さな出版会社で働き、編集や本にまつわる知識を体で覚えていた。のちに創価女子短期大学が創立された際、創大の図書館に続き、新しい図書館を責任者として一からつくりあげることになる。

「池田先生の本を『十進分類法《じっしんぶんるいほう》』で並べると、あちこちの棚に分かれるので、わかりにくくなってしまうのです。『創立者コーナー』をつくって先生の本を集めましたが、あくまでも当時の『十進分類法』のルールの中で、何か名案はないか、同僚《どうりょう》の皆さんと議論を重ねました」

（梁取玲子）

＊

「十進分類法」とは、〝人類の知のすべて〟を、大きく十の分野に分けるルールである。目当ての本が、その図書館のどこにあるのかを示す、いわば〝本の住所〟だ。

「日本十進分類法」では、まず「１」哲学、「２」歴史、「５」技術、「７」芸術など、「０」

２年ぶりに実業家の松下幸之助との会談に臨む池田。核廃絶や平和問題、教育論などについて約３時間にわたって語り合った（1983年11月、東京・新宿区）
©Seikyo Shimbun

（総記）から「９」（文学）までの十種類に分ける。この中に、すべての本を並べることができる。

たとえば、モンゴメリの名作『赤毛のアン』は「９３３」が〝住所〟になる。同じ小説家でも、夏目漱石《そうせき》は「９１３」、トルストイは「９８３」、ビクトル・ユゴーは「９５３」の棚にある。

読書法（０１９）、ブラジルの歴史（２６２）、幼児教育（３７６）、地震学《じしんがく》（４５３）、航海《こうかい》（５５７）、園芸《えんげい》（６２０）、漫画《まんが》（７２６）、日本語の方言《ほうげん》（８１８）……、図書館の中では、あらゆる本の住所が決められている。

錦織《にしこり》義房も当時、司書《ししょ》の資格を持って創大の図書館で働いた一人である。「図書館が開館してすぐ、学生さんから『池田先生の本はどこですか』と問い合わせが相次《あいつ》ぎました。何とかできないか、考えました」。

「閉館した後によく『池田先生の本をどう並べるか』について話し合いました。作業が夜遅くなることも多かったですから、ご飯《はん》を炊《た》いた電気釜《でんきがま》を抱えて、家から持ち寄ったこともあります」（柿沼加寿美《かすみ》）

「開学したばかりの創大のキャンパスには、いくらでも野原がありましたから、よく野蒜《のびる》や菊を摘《つ》んできました。給湯室《きゅうとうしつ》でゆがいて醤油《しょうゆ》をかけて食べたんですよ」（梁取玲子）

「現在の本部棟《ほんぶとう》のあたりには蓬《よもぎ》がたくさん生えていました。保健センターの大塚トメさんを中心に集まって、よく草餅《くさもち》もつくりました」（佐藤ひとみ）

八王子駅から創大までの道のりは、まだ道路の舗装《ほそう》もほとんどされていなかった。晴れれば土ぼこりが舞い、雨が降れば泥《どろ》に足をとられる。最終バスに走り込むころ、辺《あた》りは漆黒《しっこく》の闇《やみ》に包まれている。「開学するまでの準備は、毎日がピクニックのようだった」と回想するスタッフもいる。

そんな中、ふだんの仕事や学生の対応の合間に、十進分類法の表をにらむ日々が続いた。

「ある日、十進分類法の『１８９』が空《あ》いており、使えるのではないかと気づきました」（錦織義房）

「１８０」は、仏教の棚である。「１８１」が教理《きょうり》や哲学、「１８２」が仏教史、「１８３」が経典《きょうてん》、と続く。その最後の「１８９」を、創立者の棚として整《ととの》えられないか、皆で協議した。

さらに牧口常三郎《つねさぶろう》（創価学会初代会長）、戸田城聖《じょうせい》（同第二代会長）の著作も、それぞれ「189・5」「189・6」に並べるようにした。『池田大作全集』は「189・7」――創大の図書館では牧口、戸田、池田の著作がすべて「189」の棚に収まっている。

「池田先生の大学を選んだ学生たちに、図書館としてどのように接するか、真剣に考えて決めました。

『189』の棚は、池田先生が図書館を訪問された昭和四十八年には出来上がっていました。創価の初代、二代、三代の著作を、ちゃんとしたルールに則《のっと》って一カ所に集め、学生たちを迎えられるようにしたこと。これが、開館に携《たずさ》わった私たちの誇りです」（梁取玲子）

図書館は指導者を育《はぐく》む源泉
地味《じみ》だけれど誇《ほこ》りを持って

池田が初めて創大の図書館を訪れたのは、学生がさまざまな催《もよお》しを行う第三回「創大祭」の日だった（一九七三年十月二十六日）。

その前日――文学部の教授だった麻生《あそう》達男の文学部葬《そう》が八王子市内で行われ、池田も参列《さんれつ》した。麻生達男はモンゴル研究の第一人者。「日本モンゴル協会」創立発起人《ほっきにん》の一人だった。亜《あ》細亜《じあ》大学から創大に移った。設立準備《せつりつじゅんび》委員も務め、「中国研究会」の初代顧問《こもん》でもあった。

翌日から始まった創大祭は快晴に恵《めぐ》まれた。池田は午前、キャンパスの一角に「麻生杉」を植樹している。

ラーニング棟地下の図書館では、池田が揮毫《きごう》した「人間《にんげん》之《の》王者《おうじゃ》」の額《がく》を除幕《じょまく》。一〇〇人ほどの学生、教職員が集まった。

柿沼加寿美は「あの日、池田先生が私たちにおっしゃった『世界一の図書館員になりなさい』という一言が、胸に残っています」と語る。国立国会図書館から創大に移って閲覧係《えつらんがかり》を担当することになり、草創期《そうそうき》の大学を支えたスタッフの一人である。

職員との懇談《こんだん》の場には数人のアルバイトもいた。池田は「図書館は大学のなかでも大事なところだ。ノーベル賞（の受賞者が学生から出るかどうか）も、皆さん方によって決まるんだ。二十一世紀の指導者を育《はぐく》んでいく源泉《げんせん》となるんだ。地味《じみ》だけれど、陰《かげ》の力《ちから》だけれど、誇《ほこ》りを持っていきなさい」と励ました。

居合わせたスタッフと記念撮影のカメラに納まり、〝第一期の図書館員〟とも声をかけ、これまで携わってきた全員の労をねぎらった。

その場にいた梁取玲子は「なぜ図書館に『人間之王者』なんだろう? と不思議《ふしぎ》でした」と語る。「でも、学生たちを〝人間の王者〟として育てていく、ということだと思うようになりました。私たちが王者を育てるんだ、と」。

＊

第３回「創大祭」の折、英文の書籍2000冊の目録を贈呈する池田。贈呈の場に参加した学生の一人は〝うれしい！　全力をあげて語学を勉強しなければならない、ということを無言のうちに指導されているように受け止めました〟と決意を語っている（1973年10月）©Seikyo Shimbun

「きょうは図書館のお祭りだ」「協調《きょうちょう》、団結の宝庫《ほうこ》にしていきなさい。仲良くしなきゃダメだ。同じ職場にいても、心が触《ふ》れ合わなければ損《そん》するよ」

池田は閲覧室から事務室を通って書庫《しょこ》へ。つい先日、池田が寄贈《きぞう》したばかりの本がすでに並んでいた。

「早いね。いい本があるでしょう？」「大学院の本は、大丈夫？」「必要なのがあれば、ぼくのを出そう」——二年後に開設《かいせつ》する大学院の準備が進んでいた。池田はこの日も英文の書籍《しょせき》二〇〇〇冊を図書館に贈っている。

「書庫の奥が給湯室だったんですが、先生がそこまで来られたのには驚《おどろ》きました。給湯室では、学生たちが閲覧室で使って、へたってしまったソファを使っていたんですが、先生はそこに座られたんです」

そう振り返る柿沼達郎《たつお》は、スチール家具のセールスマンから創大職員に転職した。「仕事で悩んでいた時に、池田先生の『わたくしの随想集《ずいそうしゅう》』に載《の》っていた『就職の哲学』というエッセーを読んで進路を決めました」と語る。

給湯室での懇談が続く。「国家資格を持っている人は？」「洋書を見て、目録《もくろく》をとれる？」――池田が尋《たず》ねると、それぞれ数人が手を挙《あ》げた。

現在の図書館はコンピューターで蔵書を管理しているが、パソコンが普及《ふきゅう》するまでは、どの図書館でも一冊の本ごとに目録カードをつくった。何万枚ものカードを手繰《たぐ》って、本を探したのである。

「ここから散歩できる？」

そう言って池田が給湯室から外に出た。梁取玲子は冷《ひ》や汗《あせ》をかいた。

「ドアの外側に蜘蛛《くも》の巣《す》がかかっていたんです。前日にちゃんと掃除《そうじ》しておいたのですが。先生はこちらを振り向いて『面白い虫を飼《か》ってるね』と言われて……」

外に出ると、立派な萩《はぎ》の木が植《う》わっていた。池田は驚き、顔をほころばせた。大学職員たちに「萩の木は、一見やさしそうに見えるけれど、芯《しん》は強い。私が萩を好きなのを知っているのかい？」と尋ねた。この萩の前で、池田は同行していた初代文学部長の根本誠と語り合っている。二人の対談集『古典を語る』（小社刊）でも、〝萩談義《はぎだんぎ》〟に花が咲《さ》いた。

創立者の池田が創価大学の中央図書館を訪れ、居合わせた学生らが駆け寄る。思いがけない出会いに驚きと喜びが広がった。この日、池田は「学問は勝利の道」「読書は幸福の伴侶（はんりょ）なり」などの言葉を贈り励ました（2004年1月、東京・八王子市）©Seikyo Shimbun

「仏法は生活法です」

池田　ああ、萩がきれいだ……。

根本　創価大学の庭には、ずいぶん咲いていますが、たいへん気に入られたようですね。

池田　ええ、非常に……。

私は萩が好きで、どこへ行っても、萩が咲いているとうれしいし、かならず眺《なが》めます。私だったらこの道を「萩の道」と命名したい。

根本　「萩の道」というのは、いいですね。

池田　萩は優美《ゆうび》でありながら、どこかシンの強さがある。咲きこぼれるような、あの気品《きひん》のある小さい赤い花、白い花の可憐《かれん》さが、何とも言えない。昔から、優雅《ゆうが》な秋の代表的な花と言われるのも、もっともだと思います。

根本　『万葉集《まんようしゅう》』にも、萩は数多く歌われています。

池田　萩は、平和と文化を愛する人の花と言えるでしょう。秋の七草《ななくさ》の筆頭《ひっとう》に、萩をあげたのは、山上憶良《やまのうえのおくら》でしたかね。

（『池田大作全集』第十六巻）

この『古典を語る』の「序《じょ》にかえて」で池田は、〈私は根本誠氏と対談を繰り返したが、その間、いつも愉《たの》しかった〉と綴っている。

〈それぞれの古典への愛惜《あいせき》の情《じょう》を語りながら、古典を古典たらしめている秘密《ひみつ》、つまり作者の稀《まれ》な生命の刻印《こくいん》を索《もと》めて、人間精神の無辺《むへん》の豊かさを知り、無量《むりょう》の感動を新たにすることができたからである。このような機会が、人生において愉しくないはずはない。私はこの書を読む多くの読者とも愛惜の情を頒《わか》ちたいのである〉（同）

語り合ったのは『万葉集』や『源氏物語』『今昔《こんじゃく》物語集』など、日本の古典である。『古事記《こじき》』の回では、政治に左右される古典の運命に触《ふ》れた。

池田　……戦前の日本の場合、神話が歴史的真実として語られ、崇《あが》められてきた弊害《へいがい》が、あまりにも大きい。小学日本歴史の最初から、天照大神《アマテラスオオミカミ》のことが記《しる》され、それが万世不変《ばんせいふへん》の「大日本帝国の基《もとい》」とされていたのですからね。

根本　歴史的にまったく根拠のない神武紀元《じんむきげん》が建国《けんこく》の日とされたり――戦前の歴史教育では、『古事記』『日本書紀《にほんしょき》』の内容が、そのまま真実の歴史として教えられていた。

池田　……ともかく戦前の悪夢を、私はもう一度、経験したいとは絶対に思いません。私はいわゆる戦中派《せんちゅうは》の一人ですが、どれほど多くの青春が、これらの歪《ゆが》められたイデオロギーのために、犠牲《ぎせい》になったか――私にも、四人の兄を戦地にとられ、家を焼かれ、身体《からだ》をこわした記憶がある。ですから、私も初めは『古事記』を否定していたことがあります。しかし今は、心をひろびろと、日本最古の古典として、正確な理解と評価をすることが必要ではないか、と思います。（同）

根本誠は一九六〇年（昭和三十五年）、創価学会に入った。

〈（根本さんは）少し先に入信《にゅうしん》していた夫人《ふじん》・きみさんの明るく変わっていく姿に心打たれたのであった。また、「仏法は生活法です。理論で理解しようとしてもムリでしょう」という学会員の言葉にも、まず実践してみようと決断された、とも聞いたことがある。

早稲田大学文学部教授として東洋史学を講《こう》じておられた根本さんは、草創期の第一線では、はなはだ珍《めずら》しい存在であった〉（池田のエッセー集『忘れ得ぬ同志〈2〉』）

誠は創価学会とめぐりあうまでの日々について、〈長年、哲学を学んできた私はみずから〝宗教ゴロ〟と任《にん》じて教義《きょうぎ》は研究しても信仰は持たなかった〉と手記に綴っている。

〈仏壇《ぶつだん》も神棚《かみだな》も家庭には置かなかった。家内《かない》と結婚した当初、家内に何を拝《おが》むべきかと問われたとき、仏教、キリスト教の辞典類《じてんるい》、歴史、哲学、社会学、経済学、心理学の雑書類《ざつしょるい》のなかから首を出し、言下《げんか》におれを拝めと放言《ほうげん》したほどの無茶《むちゃ》であった。そのとき、子孫を拝め、歴史は前向きだともつけ加えておいたことも記憶している〉〈普通の人と逆に学問から信仰への道を選んだ私は長い道草《みちくさ》を食っていた。……私は今、遅《おく》れて低空から飛びたっている〉（同）

池田と初めて会ったのは一九六二年（昭和三十七年）。学術部（創価学会の学術者のグループ）の会合だった。その二年後、誠は創価大学ができることを知った。

「今日《こんにち》の四条金吾《しじょうきんご》」は誰であろうか

〈私が創価大学設立の構想を発表したのは、（昭和）三十九年六月のことである。

翌年十一月、創大設立のための審議会《しんぎかい》が発足すると、その委員にすすんで就任《しゅうにん》してくださった。

以来、根本さんは、私の年来《ねんらい》の夢をご自分の生涯の夢と分《わ》かち合って、大学設立実現のために奔走《ほんそう》してくださった。八王子の敷地《しきち》の視察《しさつ》にも何度も行ってくださった。
「富士山が見えて、とてもよい場所だよ」と、きみさんに感想をもらしておられたとのことである〉（前掲『忘れ得ぬ同志〈2〉』）

創立間もない創価大学に、誠は教育者として、そして信仰者としてのすべてを懸《か》けた。池田宛《あ》ての手紙に〈片々《へんぺん》たる俗論《ぞくろん》、浮《う》き雲《ぐも》の如《ごと》き世評《せひょう》は物の数ではありません〉と書いたこともある。

〈かつて、学術部の座談会の席で「果《は》たして今日《こんにち》の南条時光《なんじょうときみつ》・四条金吾《しじょうきんご》は誰であろうか」と問われたことを肝《きも》に銘《めい》じて覚えている〉（根本誠の手記）

南条時光も四条金吾も、ともに日蓮門下として名を残した人物である。

池田と萩の木の前で語り合ったのは、体調を崩《くず》し、入院生活から復帰《ふっき》してしばらくのころだった。

〈石神井《しゃくじい》のご自宅より大学までの道のりはまことに難儀《なんぎ》のようであった。（根本）先生は「初めての文学部長ががんばらなくては」と、きみさんに、たびたびもらされていた。かならず朝六時半には家を出られたようである〉（前掲『忘れ得ぬ同志〈2〉』）

＊

萩の木の前で談笑《だんしょう》する池田と根本誠を、微笑《ほほえ》んで眺《なが》める一人の男性がいた——大学キャンパスの植栽《しょくさい》を一手に引き受けていた木村勇七《ゆうしち》である。

池田が「私が萩を好きなのを知っているのかい？」と尋ねた時、小柄《こがら》な勇七は周りから促《うなが》され、一歩前に出て丁寧《ていねい》にお辞儀《じぎ》をした。その萩の木も、勇七が選んだものだった。

梁取玲子ら図書館の職員の多くが「私たちは木村さんから学生に接する態度を教わりました」と振り返る。

勇七は一九〇八年（明治四十一年）、千葉・船橋の農家に生まれた。娘の紀子は「父は七男坊だったから、名前が勇七になったそうです」と語る。

「父は太平洋戦争の時、海軍の駆逐艦《くちくかん》乗りでした。体を壊《こわ》して病院で終戦を迎え、戦後は東京の町田市で毎日新聞の販売店を営んでいたのですが、そのころ母が創価学会に入りました。昭和二十九年のことです。父は猛烈《もうれつ》に反対しました。父の心が変わったきっかけは私の病気でした」

重い結核《けっかく》を患《わずら》っていた紀子が快方《かいほう》に向かい始めた。それ以来、勇七が妻の操《みさほ》に手をあげることは無くなった。やがて夫婦で学会活動に励《はげ》むようになり、創価学会の町田会館の管理者を任される。

「昭和四十三年の六月、池田先生が町田会館を訪問された時、父は見事な菊の花を咲かせて先生を迎えました。もともと花や植木が好きな父でしたが、先生が『きれいな花だね！』と感心された様子に接して、さらに精《せい》を出すようになったのだと思います」（木村庸雄《つねお》、勇七の息子）

「そうなれば、私はずっと戸田先生と一緒にいられるね」

しばらくして、勇七は箱根研修所（現・神奈川研修道場）や東海研修所（現・静岡研修道場）などの植栽を担《にな》う。創大の管理課《かんりか》で働くことになった時、池田が勇七に伝えたのは「大きな所で、自由に自分のやりたい事をしてください」という一言だった。

広い丹木《たんぎ》の丘《おか》のどこに、何を植えるか。約十年に及ぶ勇七の挑戦が始まった。一日も欠かさずキャンパスを歩いた。当時を知る学生は、激しい雨の日も、勇七が新しい木々の植え方を検《けん》討《とう》している姿を見ている。

「父からは断片的《だんぺんてき》に『萩は先代萩《せんだいはぎ》がいいんだ』とか、池田先生から『正門には大きな木を植えるんだよ』とアドバイスされたことを聞きましたが、大学でのことはほとんど話しませんでした」（木村紀子）

勇七は職場の同僚に「こういう仕事ができるなんて、夢のような思いだ」と話していた。

創大の目の前に完成した東京富士美術館の、庭園の作業も買って出た。美術館がオープンした二週間後、大学内の職員住宅で眠るように息を引き取る。七十五歳だった。亡くなる日まで元気に仕事をしていた。

「父の命日《めいにち》は昭和五十八年の十一月十七日です。母から子どもの私たちに連絡があったのは、その日の夜明け前でした。
訃報《ふほう》を聞かれた池田先生から私たちに『木村さんの葬儀《そうぎ》は私が行います』と伝言があり、驚きました。その日、先生は静岡の大石寺《たいせきじ》におられたのです。夕方五時、先生は両親が住んでいた家に弔問《ちょうもん》に来られました。私たち家族も全員集まり、先生の導師《どうし》で父のお通夜《つや》を行いました」（木村庸雄）

池田は遺族《いぞく》とともに勤行《ごんぎょう》し、三十分ほど題目を唱えた。勇七を偲《しの》んで、

達人の
　心と姿の
　　君去りぬ
　　　ああ偉大なる
　　　　父と讃《たた》えむ

と追悼《ついとう》の一首を詠《よ》んでいる。

「海軍出身の父は、口が堅《かた》かった。大学で池田先生と話したことも多かったと思いますが、その内容を家族に話すことは一切ありませんでした」

木村勇七が植栽を手がけた箱根研修所（当時）で語らいのひとときを過ごす池田と妻の香峯子（1972年1月）©Seikyo Shimbun

そう振り返る庸雄が、一つだけ父の勇七から聞いた話がある。

創大の正門から続くゆるやかな上り坂を、すべて桜並木《さくらなみき》にする。春は満開の桜で学生たちを迎え入れる——そんな計画について、池田と話し合った時だった。

「父は、その時の先生の一言が忘れられないと言っていました。先生は『それはすごいね。そうなれば、私はずっと戸田先生と一緒にいられるね』とおっしゃったのです」

「創大で働くようになってから、父は何かあるたびに『在在諸仏土常与師倶生《ざいざいしょぶつどじょうよしくしょう》』（いたるところの諸仏の国土に、常に師とともに生まれる）という法華経《ほけきょう》の一節を口癖《くちぐせ》のように言っていました。今は、私にとっても大切な言葉になっています」（木村庸雄）

池田の恩師、戸田城聖は桜の咲く季節に生涯を終えた。池田はその日——「四月二日」を創価大学の創立記念日に定めた。

三月、創大のキャンパスは春を先駆《さきが》ける梅や満作《まんさく》（万作）、山茱萸《さんしゅゆ》とともに、花々であふれる。三椏《みつまた》、沈丁花《じんちょうげ》、辛夷《こぶし》、木蓮《もくれん》、土佐水木《とさみずき》、椿《つばき》、連翹《れんぎょう》、花桃《はなもも》、杏《あんず》、李《すもも》、雪柳《ゆきやなぎ》、馬酔木《あせび》、菫《すみれ》、猩々袴《しょうじょうばかま》、片栗《かたくり》……。

四月、何種類もの桜の乱舞《らんぶ》を挟《はさ》んで、躑躅《つつじ》、ライラック、花梨《かりん》、菊桃《きくもも》、木瓜《ぼけ》、山吹《やまぶき》、石楠花《しゃくなげ》、海棠《かいどう》、花蘇芳《はなずおう》、三葉躑躅《みつばつつじ》、姫林檎《ひめりんご》、一輪草《いちりんそう》、二輪草《にりんそう》、春蘭《しゅんらん》、碇草《いかりそう》、筆竜胆《ふでりんどう》……冬をしのいで来る春ごとに、木村勇七たちが丹精込《たんせいこ》めて配置を考え、植え、育て続けた木々が花開き、丹木の里に自生《じせい》してきた山野草《さんやそう》とともに、百花繚乱《ひゃっかりょうらん》の景色となって、学生をはじめ訪れる人々を歓待《かんたい》する。

創大のキャンパスの一隅《いちぐう》には、池田が名づけた「木村庭園」の石碑《せきひ》が静かにたたずんでいる。

第4章 君たちが喜ぶためなら——大学の日々①

一九七八年（昭和五十三年）の三月、
池田大作は創価大学の中央図書館を初めて訪れた。
図書館を後にする際、居合わせた学生たちと記念撮影し、
語らいのひとときを。
キャンパスのさまざまな場所で、
さまざまな機会に思い出をつくり続ける池田。
その姿に触れた〝若き創立者たち〟の青春の日々に迫る。

インドの詩人タゴールは四十一歳の時、妻を病《やまい》で亡《な》くした。それから一年足らずで十二歳の次女を亡くし、さらに四カ月後、実の息子のように大切にしていた青年詩人を天然痘《てんねんとう》に奪《うば》われる。愛する人々を次々に失った数年後、末《すえ》の息子が伝染病《でんせんびょう》にかかり、急死してしまう。

自《みずか》らの悲哀《ひあい》を、創造《そうぞう》のバネに

妻と死別《しべつ》する一年ほど前――タゴールは新しい学校を創立していた（一九〇一年）。インド東部の大都市コルカタから北に一四〇キロメートルの地で、生徒が五人、教師も五人という小さな出発だった。図書館に収める本はタゴール自身が選んだ。

「自然」を最大の教師とするその学校は〈彼の生涯の最後の日までつづけられ、彼の成長とともに発展し、なお未完成のままに終わった彼の一大叙事詩《じょじし》であった〉（K・クリパラーニ『タゴールの生涯（上）』森本達雄訳、第三文明社）。

　わずか十人から始まったタゴールの学校はその後、国立の「タゴール国際大学」となり、二〇二一年（令和三年）、創立百周年を迎えた。池田大作は二〇〇六年（平成十八年）、同大学から名誉文学博士号を授与《じゅよ》されている。

インド文化関係評議会（ICCR）から創価大学に寄贈された詩聖タゴールの像。台座には池田が選んだ「人々の間に結合をもたらし、平和と調和を築くことこそが、文明の使命である」（森本達雄訳）とのタゴールの言葉が刻まれている
©Seikyo Shimbun

　タゴールが歩いた〝創立後の苦難《くなん》の日々〟について、池田は一九七六年（昭和五十一年）の春、創価大学で語った（四月十日、第六回入学式）。ちょうど創大が「創立五周年」の節目《ふしめ》を刻《きざ》んだ時だった。

　非暴力《ひぼうりょく》の闘士《とうし》ガンジーと並ぶインドの英雄。アジア人で初めてのノーベル賞（文学賞）受賞者。巨人タゴールにはさまざまな評価がある。池田は学生たちに語った。

「……だが、彼の生涯で、私がもっとも感銘《かんめい》を受けたのは、私財《しざい》をはたいて念願の平和学校の、サンティ・ニケータン（シャンティニケタン＝編集部注）の設立を成《な》し遂《と》げてまもなく、この一家に呪《のろ》われた季節が始まったときであります。愛する妻と次女と末っ子を相次《あいつ》いで亡くすという痛《いた》ましい出来事に遭遇《そうぐう》したのです。

この打ち続く不幸のまっただなかで、彼はインド史上、最大の政治的動乱《どうらん》の一つであるベンガル行政《ぎょうせい》区《く》分割《ぶんかつ》に対する反対運動に挺身《ていしん》していったのであります。

彼は、家族を心から愛しておりました。とくに、末っ子のサミン・ドラトが十三歳の若さでコレラにその幼い生命を断《た》たれたときには、自己の宿命《しゅくめい》を呪うほどであった、と述懐《じゅっかい》しているのであります」(『創立者の語らいⅠ』創価大学学生自治会編、以下同)

＊

インドは当時、イギリスの植民地《しょくみんち》だった。イギリスはインドの抵抗運動を抑《おさ》えるため、分《ぶん》断統《だんとう》治《ち》を企《たくら》んだ。ベンガル地方をヒンドゥー教徒の多い地域と、イスラム教徒の多い地域に分けようとした。しかしこの動きが、さらに激しい抵抗を引き起こす。

揺れ動く祖国と、己《おのれ》の宿命と。タゴールは激しい波の中で動き続ける。その行動は思いつきでも、衝動的《しょうどうてき》なものでもなかった。

「反英《はんえい》ムードが高まり、国内にテロリズムの危険が出たとき、彼は『暴力によりインドを救うことはできない。望ましい成果は寛容《かんよう》の精神の中に成し遂げられる建設的な働きによってのみ手にすることができる』とテロリストを諫《いさ》めたのであります。この一点をみても、彼の抗議運動の根拠《こんきょ》が深い〝寛容の精神〟に立脚《りっきゃく》したものであり、狭小《きょうしょう》なナショナリズムに立ったものでないことは明らかであります」

池田は新入生に、タゴールの人生を通して「自《みずか》らの悲哀《ひあい》を越え、次なる創造へのバネとしていく」生き方を訴えた。

「私のいう〝自己実現〟の〝自己〟とは、けっして〝小我《しょうが》〟ではない。小さな自我であれば、その周辺にある末梢的《まっしょうてき》な欲望に支配されてしまう。

もし〝自己〟を〝小我〟に求めれば、それはたんなる〝わがまま〟となり、利己主義《りこしゅぎ》に陥《おちい》ってしまうのであります。

〝自己実現〟すべき自己とは、宇宙生命に基盤《きばん》をもった、本源的《ほんげんてき》な自我であり、慈悲《じひ》と英知の源泉《げんせん》としての〝大我《たいが》〟であります」

そして、入学早々こうした生命論を語ったのは、若い時代にこそ最も敏感《びんかん》に「万物《ばんぶつ》を貫《つらぬ》く〝永遠なるもの〟を覚知《かくち》するからであります。これは私自身の体験を通してもいえることであります」と強調した。

私にできなかったことを諸君の手で

創大正門の桜並木《さくらなみき》は今、八王子の桜の名所として知られるようになったが、その出発点は、池田がタゴールについて語ったこの日だった。

「桜の木は、まだどれも背が低かった。正門そのものが完成したばかりでしたから」

創大の吹奏楽部《すいそうがくぶ》（現・パイオニア吹奏楽団）の一員だった島崎誠一が振り返る。第六回入学式の後、創立五周年を記念して「正門」の開通式が行われ、パレードでトランペットを担当した。

当時、部長だった中島秀賢《ひでかた》は「開通式に池田先生が来られるとは思ってもいませんでした」と語る。「もともと吹奏楽部は入学式で演奏するだけの予定でした。でも、せっかく正門に『創價大學《そうかだいがく》』の碑《ひ》ができるのだから、何かやりたいと実行委員会に相談して、パレードすることになったんです。正門からの上《のぼ》り坂《ざか》をマーチを演奏しながら、トワラー隊と私たちが行進しました」。

賑《にぎ》やかなパレードに続いて、大勢の学生たちとともに池田も歩いた。

開通式が終わった後、パレードのスタッフたちのもとに池田から「簡単なようだけれど、大変な歴史になりました」と感謝の伝言が届いた。

この日、除幕《じょまく》された「創價大學」の碑は、牢獄《ろうごく》で七十三年の生涯を終えた牧口常三郎《つねさぶろう》（創価学会初代会長）の筆による。

*

池田は行事の合間に、四年生との交歓会《こうかんかい》や中国、タイからの留学生との懇談《こんだん》をはじめ、学生と会う機会を詰《つ》め込んだ。入学式の後、大学院の一期生たちと話した際には「私にできなかっ

盛大に行われた創価大学の正門開通式。池田と学生の代表によるテープカットに続いてパレードが行われた（1976年4月）©Seikyo Shimbun

たことを、諸君の手で成し遂げてください」と語っている。

　中島秀賢の前に吹奏楽部の部長を務めた古賀和則。創大での日々は「創立者と一緒に大学をつくっていく」感覚だったという。

「吹奏楽部ができたのは昭和四十九年、私が二年生の春です。その年の夏の『八王子まつり』がいわば〝初陣《ういじん》〟でした」

「翌年のコンクールに出るために、まず大学の吹奏楽の連盟に入る手続きから始まりました。楽器の数が足りないので学長と相談したところ、申し訳ないことに池田先生からたくさんの楽器をいただきました。打楽器《だがっき》のティンパニなどはとても高価なもので、他の大学が創大まで借りにくることもありました」

　コンクールへの挑戦、秋の創大祭、十二月の定期演奏会。和則たちの代で、このリズムをつくった。

「まだ創大ができてから間もないので、何もかもゼロからつくっている最中です。しかも池田先生が招かれた海外の来賓《らいひん》がたくさん来学します。〝音楽で皆の心を鼓舞《こぶ》する〟という意味で、吹奏楽部の私たちが創大建設の先頭に立つつもりで取り組みました。ときには演奏の後、先生から『きょうは元気がなかったな』と厳《きび》しい伝言が届くこともありました」（古賀和則）

池田が音楽室を訪れ、吹奏楽部やフルート研究部など、音楽関係のクラブの学生たちとピアノを囲んで懇談したこともあった。「私は音楽を通して君たちと友達になるんだ」。そう言って何曲か演奏した。

和則は後年、入浴剤《にゅうよくざい》で有名な「バスクリン」の代表取締役《とりしまりやく》社長として人気商品を世に出す。テレビのインタビューを受けた際、自らのモットーとして「英知を磨《みが》くは何のため　君よそれを忘《わす》るるな」という一言を挙げた。創大のブロンズ像の台座《だいざ》に刻まれた池田の言葉である。

社長になってから思い返した、学生時代の光景がある。

「一年生の夏の『滝山祭《たきやまさい》』です。大学の栄光門から滝山寮に向かう坂道で、寮の部屋ごとに模《も》擬店《ぎてん》を出していたのですが、そこに池田先生が来られ、私が急いで用意した麦茶《むぎちゃ》を本当においしそうに飲まれたんです。

私たちの部屋は滝山東寮《とうりょう》の十四号室で、模擬店では団扇《うちわ》と日本手ぬぐいを売りました。あの日の先生は一日中キャンパスを回り、学生の中に飛び込む、という感じでした。

「私は学生の味方です。徹底的に動き、徹底的に激励に走る。この五体が、たとえ動かなくなろうとも、私は学生を守るために働きます」。創価大学の夏の寮祭である第２回「滝山祭」で盆踊り集会に参加し、学生たちが喜ぶならと、バチを握り太鼓を叩く池田（1973年7月、東京・八王子市）©Seikyo Shimbun

色紙に『滝山祭　わが校去《こうさ》っても　滝山祭　七月十四日』と書いて贈ってくださったり、寮生と将棋《しょうぎ》を指されたり、盆踊《ぼんおど》り大会では手のひらの皮がめくれるまで太鼓を叩《たた》いてくださったり。『君たちが喜ぶためなら、どんなことでもする』という思いを全身で感じました。

　バスクリンの初代社長になった時、私は会社の舵取《かじと》りと、社員の家族も守らねばならない重圧《じゅうあつ》に苦しみました。そんな時に思い出したのが、あの夏の一日でした。『そうだ。まず社員の中に飛び込むことだ』と思い立ち、二〇〇人を超える社員全員と対話しました。本音をぶつけ合うことで、ヒット商品が生まれていきました」

「機械を再び人間の手足とするには、どうすればいいか」

もう一つ、忘れられない出会いがある。「入学式で先生が話された『創造的人間《そうぞうてきにんげん》たれ』の講演です。高校を卒業したばかりの私たちにとって、とても難しい話でした。しかし『ああ、これが大学というものなんだ』と痛感しました。先生は『もっと高いところを目指せ！』と教えてくださったのだと思います」（古賀和則）。

第三回入学式の講演「創造的人間たれ」は、「大学とは何か」という問いから始まり、やがて「何のためにこの人生を生きるのか」という問いにつながっていく。

池田が選んだキーワードは「ルネサンス」だった。ルネサンスは十四世紀からイタリアを中心に起こった巨大な文化運動である。

「しかし、このルネサンスは、どうしておこったのか」（前掲『創立者の語らいⅠ』）――池田は、文学や芸術よりも「より深い地盤《じばん》からの胎動《たいどう》」として、「十二世紀のルネサンス」と呼ばれる「学問の大復興《だいふつこう》」に光を当てる。

「……（十二世紀の）スペイン、イタリア等を舞台に、イスラム世界から、数学、哲学、地理、法学などの新しい知識がもたらされてきたのであります」（同）

創価大学の第３回入学式で記念講演を行う池田（1973年4月）。創大の永遠のモットー、特色、学風として、池田は「創造的人間であれ」という一言を掲げた
©Seikyo Shimbun

西ヨーロッパの人々は、イスラム世界から膨大《ぼうだい》な知を受け入れ、翻訳《ほんやく》した。「……強い、いかなるものもせきとめることのできない勢いで、知識の吸収、蓄積《ちくせき》、体系化《たいけいか》が行なわれ始めたのであります」（同）

それまでの修道院《しゅうどういん》教育の枠《わく》を超えて、若者たちが集まり、教える人が集まった。「……すなわち、それが教師であり、教師と学生の共同体《きょうどうたい》が、パリとボローニャに最初に形成された。それが本格的な大学の出現であります」（同）。

＊

さらに池田は、「大学」の根本に「師弟」のつながりを見る。

「大学を意味するユニバーシティーの語源《ごげん》は、ウニベルシタスで、元来、ギルド（組合）と同義で、多数の人々、または多数の人々の結合を意味するものであります。学生と教師の結び付きが、大学をつくりだしたものともいえる。したがって、大学とは本来、建物、制度から出発したのではなく、人間的結び付きから発生したものであると、私は考えるのであります」（同）

　講演の終わりに池田は、「人類が生き延びるため」に「人間が機械《きかい》の手足となるのではなく、機械を再び人間の手足とするには、どうすればいいか」と問いかける。そして「哲学・思想・学問におけるネオ・ルネサンス」を掲げた。

「……私のこれからの最大の仕事も教育であり、私の死後三十年間をどう盤石《ばんじゃく》なものとしていくかに専念《せんねん》していく決心であります。それは、二十一世紀の人類を、いかにしたら幸福と平和の方向へリードしていけるか、この一点しか、私の心にはないからであります。

　その心から、私は皆さんに、人類の未来を頼むと申し上げておきたい。また、教師の先生方にも、学生を立派に育てていただきたい、衷心《ちゅうしん》よりよろしくお願いいたしますと懇願《こんがん》し、全人類に創価大学ここにありとの誇りと期待を込めつつ、私のあいさつとさせていただきます」（同）

＊

「入学式の後、驚いたのは、文学部の樺《かんば》俊雄教授が授業でこの『創造的人間たれ』について解説してくれたことです。樺教授は、先生がおっしゃった〝ネオ・ルネサンス〟という一言に触れて『これは深い内容です』と強調していたのが印象的でした」（古賀和則）

樺俊雄は社会学者として名高い。六〇年安保《あんぽ》闘争《とうそう》で命を落とした東大生の樺美智子は、俊雄の娘である。

「教授が授業でわざわざ解説する、そういう高度なテーマを、池田先生は新入生にいきなり話されたわけです。今から思えば、一切手を抜かない創立者の態度に接することができた。

私にとって大学の価値は〝人〟との出会いであり、〝本〟との出合いでした。あまり勉強しない学生でしたが、本だけは読みました。

たとえばダンテの『神曲《しんきょく》』を読まないと、ヨーロッパのこともキリスト教のことも一歩深くわからない。そういった古典を読むことの大切さ、歴史を学ぶ重要さも創大で池田先生から教わりました」（古賀和則）

その場にいない人を思うのが指導者

寺谷義雄は「創大の初期の数年間、池田先生は『学生のためになるならば、何でもしてあげよう』と、動きに動いて、さまざまな機会に、さまざまな場所で記念撮影をされていた印象です。私たちが図書館前でたまたま先生とお会いしたのも、そのなかの一つでした」と述懐する。

正門の開通式から二年後——池田が中央図書館を初めて訪れた日のことである（一九七八年

三月三日、第一章で詳述）。

夕方、図書館を後にした池田は、通りがかった学生たちに「一緒に写真に入ろう」と声をかけた。

谷口幸彦はその場で池田から「ご両親を大切に」と言われたことを覚えている。

「あの図書館前だけでなく、ある時は文系校舎から『文学の池』に向かう遊歩道《ゆうほどう》で先生に声をかけられて、写真を撮《と》っていただいたり、吹奏楽部の会食会で記念撮影をしていただいたこともあります」

ギター部だった谷口清志は、池田に「卒業します」と伝えると「お母さんを大切に」と言われた。「その時、池田先生が丁寧にお辞儀《じぎ》されたことを今も覚えています」と語る。

卒業後、三十代になってから社会保険労務士《ろうむし》や中小企業診断《しんだん》士の資格をとった。「大阪の楽器店で働いていたのですが、会社が傾いて解雇《かいこ》されて、悔《くや》しい思いをしました。大学では法学部だったこともあり、労働法に照らすとどうなっているのかを勉強し直しました」。

後年、創大出身の中小企業診断士の集《つど》い「創友光彩会《そうゆうこうさいかい》」を立ち上げた。

*

池田は学生に会った時、必ずといっていいほど「親孝行を」「お母さんによろしく」と念を押してきた。

「これまで、皆さんのご両親が、君たちの見えないところで、どれほど苦労を重ね、すべてを

創価大学の中央図書館を視察する池田（1978年3月）。この後、館外に居合わせた学生らと図書館前で記念の写真に納まった ©Seikyo Shimbun

犠牲《ぎせい》にして、君たちのために尽くしてくださったか。その心が分かる聡明《そうめい》な皆さんであってもらいたいのである」（二〇〇七年の創大の卒業式）

「将来、ご両親を海外旅行に連れて行き、通訳《つうやく》をしてあげるつもりで学ぶのです」（二〇〇九年の創大の入学式）

池田にとって一人の学生は、一人ではない。一人の向こうに何人もの人の顔が見えている。

ある時の会合では、次のように語っている。

「……目の前にいる人を励ますのは、当然である。それ以上に、その人を支える陰《かげ》の人に、どれだけ目を向けられるか。ここに指導者の真価《しんか》がある。

一人の人の背後には、家族、友人をはじ

め、多くの人とのつながりがある。その方々のことを、どこまで考え、配慮《はいりょ》できるか。数千人の社員の家族一人一人の状況を全部、覚えていたというアメリカの社長の話もある。

目の前にご主人がいれば、『奥さんによろしく』と声をかける。また、奥さんが来られれば、支えているご主人をたたえる。このように、目に見えない人にまで心を配っていくのが、仏法であり、仏法の指導者である。

命令や、かけ声で人を動かそうとするだけでは、組織主義であり、人間主義ではない。あまりにも安易《あんい》である。危険である。

幹部は組織のうえで偉《えら》くなることを考えるのではなく、自分自身が人間として偉くなることを考えるべきである。組織のうえで偉くなっても人間として失格の幹部が、過去に多々《たた》いたことは、ご存じのとおりである。

組織の立場が高くなるほど、厳しく、自分を戒《いまし》めなければならない。

自分が偉いのではない。支えてくれている人々が偉いのである。謙虚《けんきょ》に感謝し、尊敬《そんけい》しなければならない。傲慢《ごうまん》になり、独《ひと》りよがりになった人間は、必ずダメになっている」（一九九四年十二月のスピーチ、『池田大作全集』第八十五巻）

＊

山梨の甲府に住む秋山裕子は「今でも図書館前の写真を大切に飾っていますよ」と笑顔で語る。その写真の中で、十三人の学生たちが池田を囲《かこ》んでいる。

「吹奏楽部の練習が終わって、帰ろうとしていた時に、後輩が部室に駆け込んできたんです」「先生が待っている」という。当時の部室はプレハブの二階。現在の教育学部棟のそばにあった。できたばかりの中央図書館は桜並木を挟んだ向かい側で、走れば一分もかからない。寝耳《ねみみ》に水の知らせに、クラリネットを持ったまま部室を飛び出した学生もいた。

図書館前――闘病中《とうびょうちゅう》の学生もいた。親が病に伏《ふ》せっている学生もいた。

「その年の冬、私の母が原因不明の病気で起き上がれなくなり、富山の実家に帰省して看病《かんびょう》していました。二月末、大学に戻る用事があり、ちょうど先生と会った日の朝、母から少し良くなったと電話があったばかりでした」（秋山裕子）

裕子は池田に母の回復を伝えた。「そうか、そうか」。池田は喜び、「人間だから病気もする。喧嘩《けんか》もする。人間は石じゃないんだから。だけど、その時にどうするかなんだよ。病気になってもいいんだよ。乗り越えればいいんだよ」と励ました。

「煩悩即菩提《ぼんのうそくぼだい》」――悩み（煩悩）がすべて薪《たきぎ》となり、幸福（菩提）の火を灯《とも》す――という仏法の道理も語った。

「別の日に大学の中を歩いていると、すれ違った車の窓が開いて、先生が乗っておられました。『八王子の町のほうに行ってきたんだよ。今買ってきたトマトだよ』とおっしゃって、トマトをいただいたこともありました。

図書館前では『これから大学に美術館をつくるんだよ。講堂もつくるんだよ。どっちが先が

いい？』と聞かれました。『これは〃一歩〃なんだよ。もっともっと大学を立派にするんだよ』と」（秋山裕子）

「勝利の宴《うたげ》」の陰《かげ》で気《き》遣《づか》う心

ギター部だった田中俊男も写真に納まった一人である。

「私は先輩と一緒に正門から部室に向かっている途中で、先生から手招《てまね》きされて急いで図書館前に向かいました」

小学校の教師として六十五歳まで勤《つと》め上げた。「学生時代にユゴーや吉川英治は読みましたが、ロシア文学は挫折《ざせつ》しました。でも、池田先生から何度も『古典を読みなさい』『素晴らしい本だよ』と言われていたので、還暦《かんれき》を過ぎてからトルストイやドストエフスキーの長篇を読みました」。

「秋の創大祭で、ギター部は喫茶店《きっさてん》を開きました。ギターの生演奏をして、お茶を飲んでいただくという催《もよお》しだったのですが、先生と奥様が喫茶店のバックヤードを通られたんです。

裏方《うらかた》で作業していた部員が先生に『お店に来てください』と声をかけました。先生は『わかったよ』と言われたのですが、あとで『夫の代わりに参りました』と先生の奥様が私たちの喫茶店に来てくださったんです。あんな一瞬のことでも約束をちゃんと守ってくださるんだと驚きました」

＊

寺谷義雄は学生自治会で活動していた。

「私が二年生の時に、新しく教育学部ができました。池田先生が〝私の最後の事業は教育だ〟とおっしゃっていたので、教育学部生のためにペスタロッチの本を寄贈《きぞう》しました。分厚《ぶあつ》い本でしたよ。まだ図書館の蔵書《ぞうしょ》が少なかったので、自分たちが読んだものを大学に寄贈しようという流れがありました」

池田は学生たちとの懇談の場で「卒業する時に一人一冊、自分の思い出の歴史が刻まれた本に名前を書いて、図書館に残していってはどうか。週刊誌でも、マンガ本でも結構（爆笑）」と語っている（前掲『創立者の語らいⅠ』）。

義雄は創大に行こうと思ったきっかけも読書だったという。「高校時代、小説『人間革命』を薦《すす》められ、第一巻に載《の》っている有名な〈一人の人間における偉大な人間革命は、やがて一国の宿命《しゅくめい》の転換《てんかん》をも成し遂げ、さらに全人類の宿命の転換をも可能にする〉という一文に衝撃《しょうげき》を受けました。もっとも、大学時代は真面目な学生ではありませんでしたが」と苦笑いする。

吹奏楽部の部長だった島崎誠一。

「夏のコンクールで、まだ東京都予選を突破できていませんでした。図書館前で私は先生に

『絶対に勝ちたいと思います』と言いました。その時、先生はなぜか空を見上げて『勝てればうれしいね』と言われた。未《いま》だに覚えています」

「勝ちます、と言い切れなかったんです。結局、私たちの代では都の予選を勝ち抜けませんでした」

誠一たちの後輩の代で、吹奏楽部は初めて都の予選を突破する。池田は記念の会食会を開いたらどうかと提案した。

「あの時、先生は『現役生だけでなく、ＯＢ、ＯＧも呼びなさい』と言われたんです。心が震《ふる》えました。私が絶対に勝ちたいと伝えて負けたことを、先生はご存じですから、私たちが悔しい思いをしていると感じられたのかもしれません。

卒業生のことを忘れずに、声をかけてくださった先生の思いがですね……。時が経《た》つとともに、重みを増してきます」

*

図書館前での記念撮影の二週間後、池田は創大で、イギリス出身の作家ヒルトンの名作『チップス先生さようなら』について語った。

「……ブルックフィールド校という、イギリスのあるパブリック・スクールに、長い間《あいだ》勤《つと》め続けた一教師の生涯を、回顧風《かいこふう》に描いた名作である。

四代もの校長のもとで教鞭《きょうべん》をとり続けた彼は、洒落《しゃれ》の分かる感覚と、生徒の名前と顔をす

創価大学のパイオニア吹奏楽団（2018年6月）。同楽団はこれまで「全日本吹奏楽コンクール」の大学の部で金賞に輝いている ©Seikyo Shimbun

ぐ覚えてしまうことを特技とする名物教師である。彼の周りは、つねに笑いに包まれている」

「第一次大戦中は、若い教師の出征《しゅっせい》などもあって、ふたたび教壇に戻った彼は、懐《なつ》かしい教え子たちの戦没者名簿《せんぼつしゃめいぼ》を、涙とともに読み上げるという、辛《つら》い役目まで引き受けざるをえない」（前掲『創立者の語らいⅠ』）

池田はチップス先生の生涯を通して、卒業する学生たちに〝母校愛の人たれ〟と望んだ。

「……創価大学は若く、新しい大学である。社会的評価もまだ定まっていないといってよい。したがって、諸君達一人一人の、今後の姿を通して、創価大学への評価が決まってくるであろう」（同）

池田がチップス先生の話をした時——創立からの日々に全力を尽くし、すでにこの世を去っていた〝創大のチップス先生〟ともいうべき名教授たちがいた。

そのなかの一人が、〈日本におけるアラビア語の第一人者であり、一流のアラビア通〉（三笠宮崇仁《たかひと》の序文、『ペルシア湾』〈川崎寅雄《とらお》著、石油評論社〉）と評された川崎寅雄である。

第5章 アラブとともに、川崎寅雄——大学の日々②

一九七二年（昭和四十七年）夏、開学二年目の創価大学で
寮生たちのお祭り（滝山祭《たきやまさい》）が開かれた。
創立者の池田大作は「ぼくも一緒に寮生活をしてみたい」と、学生たちの
招《まね》きに応じて滝山寮を訪れ、若き俊英《しゅんえい》たちと未来を語り合った。
また、日本の「アラビア文化」研究の草分けであり、
創大で学生の薫陶《くんとう》に力《ちから》を注《そそ》いだ川崎寅雄《とらお》と池田が交流を重ねていく。

「今日は雨が降《ふ》ってよかった。晴れたら暑《あつ》くてたまらないよ」

創価大学のキャンパスを歩きながら、池田大作が笑顔でそう言った時、田代康則は少し心が軽くなった。

一九七二年（昭和四十七年）七月六日。開学二年目の創価大学で、寮生たちのお祭りが開かれた（第一回「滝山祭《たきやまさい》」）。二日間のうちの初日である。

池田は学生たちの招《まね》きを受け、初めて滝山寮を訪れた。ちょうど一年前の夏にも、寮生たちは夏祭りを開いて池田を招待したが、予定が合わなかった。

男子寮の責任者だった田代康則は、せっかくの池田の訪問が雨の日になってしまい、皆に申し訳なく思っていた。しかし学生が企画し、学生の手で仕上げた行事であることに、携《たずさ》わってきた男子寮と女子寮の学生たちは誇《ほこ》りを持っていた。

「第一回滝山祭の予算はゼロ円でした。寮生に一人五〇〇円ずつ出してもらって予算に充《あ》てましたが、模擬店《もぎてん》を作るための木材を買う余裕もありませんでした。

当時は大学の周りに竹林《たけばやし》がたくさんあったので、地主《じぬし》の方々にお願いに行って、竹を譲《ゆず》っていただいたんです。大量の竹を運びながら『これじゃあ滝山祭じゃなくて〝竹山祭〟だ』と笑い合って、どんどん集めました」（田代康則）

滝山寮、という寮の名前も、半年ほど前に決まったばかりだった。

「開学一年目は、『男子寮』の『一号棟《とう》』とか『二号棟』という感じで、味気《あじけ》なかった。近くに滝山城址《たきやまじょうし》があるので『滝山寮』にしたい旨《むね》を池田先生に伝えると、すぐに〝滝山城は、落とされたことがあるのか〟という伝言が届いたんです。

創価大学の滝山寮を訪問し、雨が降る中、ヒマラヤ杉を植樹する池田（1972年7月）©Seikyo Shimbun

正直に申し上げて、考えたこともありませんでした。調べてみると、永禄《えいろく》十二年（一五六九年）、北条氏照《うじてる》が城主《じょうしゅ》の時代に、甲斐《かい》の武

田軍に攻められたのですが、二万の武田勢に対して二〇〇〇の軍勢《ぐんぜい》で城を守り抜いたことがわかりました」（田代康則）

滝山城攻めは、武田信玄《しんげん》の息子、勝頼《かつより》が大将だった。城は包囲され、孤立。落城の瀬戸際《せとぎわ》まで追《つ》い詰められるが、城主の氏照も先頭に立って戦い続け、かろうじて猛攻《もうこう》をしのぎきった。

「自分をよく知っている人」は強い

滝山寮に着いた池田は、ヒマラヤ杉を植樹した。「この木の高さを測《はか》っておきなさい。大きくなるよ。これからは、この木に会いに来よう」。

竹で組み上げられた模擬店の一隅《いちぐう》で、そうめんをすすって「おいしい。お世辞《せじ》じゃないよ」と笑った。

みんな、ちゃんと食べているか。小遣《こづか》いは足りているか。出身はどこか。お母さんは元気か。寮生たちが徹夜で作った展示を見て回りながら、居合わせた学生たちと肩を組んだ。顔色の悪い学生に声をかけ、背中をさすった。

「みんなはここで寝ているのか」。滝山南寮《なんりょう》の六号室。寮生がふだん使っているベッドに上がった。左腕を枕《まくら》がわりに、横になって懇談《こんだん》した。

「ぼくも一緒に寮生活をしてみたい。いいなあ、こうやってぐっすりと寝て、思いっきり勉強ができるんだもの。うらやましいよ」

寮のベッドの上で、二カ月前にイギリスで視察したばかりのオックスフォード大学の話をした。九〇〇年近い伝統があること。十九歳の寮生二人と話したこと。部屋は狭かったこと。しかし、寮生は質実剛健《しつじつごうけん》で、なによりも寮に誇りを持っていたこと。ひるがえって創大の寮生活も、伝統がないと、やりづらいこと。君たちが、その伝統を作っていくこと――。

この日、ある学生が、国家公務員になった場合、「民衆のため」に生きていけるだろうか、と質問した。

「できるね」と池田は即答した。「皆、（社会に出て）現実を知ってしまうと嫌気《いやけ》がさしてしまう。しかし、（社会のあらゆる分野を改革する）『総体革命《そうたいかくめい》』といっても、『人間革命』をした人がやっていくことだからね。（リーダーになった時に）真面目《まじめ》に考えていれば、改革しようと思えば、できるんだ」。

池田は、どんな立場になっても、あくまでも「自分との闘《たたか》い」が人生の道であることを訴えた。

「ぼくは気が弱いんです」と話す学生に対しては、「気が弱いと言えるのは、気が強いじゃないか」と励ましている。

「自分を知っている人は強い。（自分は）強いと思っている人間は、どこかで失敗する」「気が弱いということは、人間性なんだ。たくさんの人を見てきたが、強そうな人が、だんだん落ちてきている。弱い人は、伸びている。自分をよく知っているから、がんばっていく」「私も、もっと（体が）強かったら、もっと仕事をしていただろう」

「やり直すか否《いな》か。これが、平凡なようで、根本の分かれ道」

この日の夕刻、体育館で行われた全体集会で池田は、荒れ地に見事な〝緑の絨毯《じゆうたん》〟を生んだ一人の先駆者《せんくしや》に触れた。青森で指折りの米どころとして知られる十和田《とわだ》市。その〝生みの親〟といわれる新渡戸傳《にとべつとう》である。

新渡戸傳は、「奥入瀬川《おいらせがわ》」の水を「三本木原《さんぼんぎはら》台地」へ引き入れるため、四年近くに及ぶ大工事をやり遂《と》げたことで知られる。『武士道』を書いた新渡戸稲造《いなぞう》は、傳の孫である。

池田は、滝山祭の「滝」の一字から、ちょうど一年前に訪れた奥入瀬川の「滝」を思い出し、この不屈《ふくつ》の事業の話を連想したという。

「……私もその三本木原台地に立ちました。広々と開けるのどかで平和な田園《でんえん》風景を見まして、百二十年も前によくもこれだけの開墾《かいこん》をした、しかも私財《しざい》をなげうって後世のためによくぞ戦ったと、そこに私は頭がさがる思いでありました」（『創立者の語らいⅠ』創価大学学生自治会編）

創価大学の第１回「滝山祭」に出席し、学生たちに声をかける池田。頭には創大生の手作りの角帽が。この日、池田は「どうか先駆者としての使命感に燃え、日々の勉学、活動にゆうゆうと取り組んでいただきたい」と期待を述べた（1972年7月、東京・八王子市）©Seikyo Shimbun

傳が工事に取りかかったのは六十歳を過ぎてからだった。池田は創価学会の青森県総会で語っている。

「人生はつねに〝これから〟である。奥入瀬川と三本木原の高低差は約三十メートル。水を引き上げるのは、たいへんにむずかしい工事だった。ノミと鉄のツチだけで、何千メートルものトンネルを掘らなければならなかった。また、途中で（奥入瀬川から水を引く）上水《じょうすい》が壊《こわ》れ、工事をやり直したこともあった」

「偉い人は、最後までやり通す。途中でやめてしまえば、何にもならない。

偉人と凡人、成功者と挫折《ざせつ》者の違いも、この一点にある。正しき道で、やり通すか否《いな》かである。これが、平凡なようで、根本の分かれ道なのである」

「……あきらめなかった。ここに偉さがある。私も絶対に妥協《だきょう》しない。〝このくらいでいいだろう〟という中途《ちゅうと》半端《はんぱ》は、それ自体、敗北である」（一九九四年八月のスピーチ、『池田大作全集』第八十五巻）

*

「このお花を頂戴《ちょうだい》しました」——滝山祭の全体集会の後半、池田は女子学生から贈られた花《はな》籠《かご》を示した。予算の乏《とぼ》しいなかで用意された、心尽《こころづ》くしの花籠だった。

「（この花籠を）自分たちの手でお作りになったのかもしれない。または二千円、三千円で買ってきてくれたのかもしれない」。池田はそう言って「偉くなっていく人は決して忘れてはいけない」という心構えを話した。

——もしも学生が数千円をかけてくれたとすれば、それはお金持ちにとっての数千円とはまったく価値が異《こと》なる。

物事を見る時に、自分を基準にした、軽率《けいそつ》な、傲慢《ごうまん》な態度ではいけない。「（花籠一つでも）そこまでするのは、あの人にとって本当の真心だ」「申し訳ないな」という姿勢があれば、それが人間学です。

政治家でも、評論家でも、または宗教人でも、上に立つ人が全部そういう気持ちになってくれれば、どれほど早く、百万言《ひゃくまんげん》の立派な学説よりも、尊い世界になるかしれない。

お花に対しても、心から御礼申し上げます——

言わず語らず
心が通ずる人

また、オックスフォード大学で印象に残った出会いを二つ紹介した。

一つは、教授陣に「大学の一番の特色」を尋《たず》ねた時のことだった。

「……すると『ジャスト・ア・モーメント（ちょっと待ってください）』と言って、神学の博士や文学部長など、三人で相談し始めたのです。私はその姿を見て偉いと思いました」「そして返ってきた答えは、『教授と学生が本当に兄弟のように、親子のように、親戚《しんせき》のように毎日つき合っています』ということでした」

もう一つは、「ある教授の心配り」についてだった。

「……オックスフォードの看板教授でもあるその人は、講義の合間に私たちを案内してくれました。その先生は本当に親切な人なんです。ちょっといなくなったなと思うと、絵葉書《えはがき》を買ってきてくれたり、冷たい飲み物を持ってきてくれたりするんです。私は恐縮《きょうしゅく》しました。一緒に行った人も皆、感嘆《かんたん》していました。これほど人柄のいい学者がいるのかと感銘《かんめい》しました。

私は、こんないい先生がいるから学生がよくなるのか、それとも学生がいいから先生もこうなるのかと、ずいぶん自問自答《じもんじとう》してみました。
日本に帰って来てからすぐ、その先生に手紙を書きました。するとすぐに返事が来ました。その中には『とても懐《なつ》かしい。また来てください』とか、『エンジョイできましたか』とか、『あなたの質問に対する答えは、あれでよかったでしょうか』と書いてありました。すべてこういう態度なんです」

この、第一回「滝山祭」の初日――雨の中を歩き、模擬店を眺《なが》め、学生たちの熱気を楽しんだ教授陣の中に、川崎寅雄《とらお》がいる。池田が〈言わず語らず心が通ずる人がいる〉（※1）、〈明朗。オープン。天衣無縫《てんいむほう》。声が大きい。形式ばったことが大嫌いな、スケールの大きな人物だった。豪放《ごうほう》でありながら、しみいるような優しさを持った方《かた》だった〉（※2）と讃《たた》えた名物教授である。

＊

池田と川崎寅雄が初めて会ったのは、「大阪事件」の無罪判決《むざいはんけつ》が出た二日後だった（一九六二年一月二十七日。大阪事件については潮ワイド文庫『常勝関西の源流』に詳述）。

当時、寅雄はアラビア石油の調査役。そのかたわら東京外国語大学に請《こ》われ、非常勤講師《ひじょうきんこうし》としてアラビア語を教えていた。

寅雄と会った翌々日――池田はフィリピンのマニラ経由で、イランに向かった。初の中東訪問である。ほかにイラク、トルコ、ギリシャ、エジプト、パキスタン、タイを訪れた。池田が大阪事件の〝控訴《こうそ》なし〟の電報を受け取ったのはエジプトのカイロだった。

イギリスの名門オックスフォード大学を訪れ、約300万冊の蔵書を有する図書館を視察する池田ら（1972年5月）©Seikyo Shimbun

この長旅に臨《のぞ》んで、現地で注意すべき点や人情、風土について、国内きってのアラビア通にアドバイスを求めた。

寅雄の妻、曜子が創価学会に入ったのは一九五三年（昭和二十八年）の夏だった。長男の茂《しげ》元《もと》は「母と私の肺結核《はいけっかく》が、学会に入るきっかけでした」と振り返る。

「父は昭和二十九年、母の願いで形だけは学会に入りました。のちに地区部長や支部長などを務めるようになりますが、あの日の先生との出会いが父の人生を変えました」

見捨てるわけにはいかなかった

川崎寅雄は第一次世界大戦が始まった一九一四年（大正三年）、茨城の久慈町《くじまち》（現・日立市）で生まれた。太平洋に面した港町である。父の丑松《うしまつ》は漁師の網元《あみもと》であり、石油の商人でもあった。

寅雄は飛び抜けて勉強ができた。「寅坊《とらぼう》、漁師に学問は要《い》らんよ」と言われて育った。しかし小学校の担任が丑松に「寅雄くんをぜひ中学に進ませてください」と頼み込んだ。

〈……お父さん（寅雄の父、丑松）が手を出した商売が失敗し、家計はどん底へ。農業も兼業《けんぎょう》した。川崎先生も働いた。時には大八車《だいはちぐるま》を押しながら。毎夜、目をこすって勉強を続けた。

やがて、名古屋高等商業学校（現・名古屋大学）に合格。「うちには絶対に迷惑をかけません

から」と言った通り、一切の学費を免除《めんじょ》という優秀な成績であった〉（※2）

名古屋高商の三年生の時、外務省留学生試験に合格。二十一歳で留学を命じられた。行き先はエジプトの国立カイロ大学だった。

日本は国家主義に傾《かたむ》きつつあった。国会の論戦で、美濃部《みのべ》達吉の「天皇機関説《てんのうきかんせつ》」が非難の的《まと》になっていた。

創価大学の研究室で笑顔の川崎寅雄。開学間もない同大学の発展に尽力した ©Seikyo Shimbun

日中戦争が始まった翌年、カイロ大を卒業。アラビスト（アラビアの専門家）の草分けとしてエジプト、レバノンなどに赴任《ふにん》した。創大の教授時代にも、外務省の語学研修生にアラビア語を教えている。

イラクの公使館に勤めていた時、長男の茂元が生まれた。茂元は〝バグダッドで生まれた初めての日本人〟になった。

＊

アラビア語圏《ごけん》での日々は、戦争の日々でもあった。太平洋戦争で日本が降伏する一年前――寅雄は海軍《かいぐん》司《し》政官《せいかん》として、インドネシアに派遣《はけん》される。

「昭和十九年は、すでに日本の制空権《せいくうけん》も制海権も連合軍に奪われていましたから、命がけの船旅だったと思います。インドネシアは大半がイスラム教徒です。おそらく日本政府は人心掌握《じんしんしょうあく》のために、アラビア語の専門家である父を派遣したのでしょう」（川崎茂元）

日本の敗戦はインドネシアで迎えた。その後、寅雄はセレベス（スラウェシ）という島に二年以上も留まることになる。

一刻《いっこく》も早く祖国《そこく》に帰りたかった。肩書きは司政官であり、文官である。戻ろうと思えば戻れた。妻も子どもたちも、名古屋で寅雄の帰りを待ちわびている。

しかし――同胞《どうほう》である日本の軍人たちが、BC級戦犯《きゅうせんぱん》に問われていた。裁判が始まるにもかかわらず、日本政府は弁護団《べんごだん》を送ってこない。

一〇〇人近い同胞の命のかかった裁判が、オランダ語で行われる。このままでは一人の弁護士もいないまま、判決が下ってしまう。

見捨てるわけにはいかなかった。寅雄たち十三人の日本人は、政府が弁護団を寄越《よこ》すまで、被告《ひこく》の弁護を買って出たのである。

敗戦から十カ月。日本への最後の引《ひ》き揚《あ》げ船がセレベス島を出航《しゅっこう》した。戦争中に一万五〇〇〇人いた日本人のうち、島に残ったのは戦犯容疑者の九十八人。そして十三人の〝弁護人〟だった。

強烈《きょうれつ》な人間愛の精神

誰に言われたわけでもなかった。何の報酬《ほうしゅう》もなかった。寅雄は英語、ドイツ語、フランス語も堪能《たんのう》だったが、オランダ語は知らなかった。急ごしらえでオランダ語を学び、法律を頭に叩《たた》き込み、四面楚歌《しめんそか》の法廷に臨んだ。被告たちの話す日本語をオランダ語で通訳した。

池田は彼らの心中を察《さっ》し、エッセーに綴《つづ》っている。

〈……たしかに日本の侵略《しんりゃく》は悪い。弁解《べんかい》の余地《よち》がない。しかし、「勝者が敗者を裁《さば》く」裁判が公正と言えるのか。そもそも、ほとんどの日本兵は、政府と上官の命令に従うほか道がなかったのだ……。

しかも、だれが戦犯とされ、だれが帰国組《きこくぐみ》になるか。それは偶然が大きく左右した。ある時は、整列させられて、現地の人に指さされれば、それで決まった。人ちがいの可能性もあった。取調官《とりしらべかん》が、事務所に鳴り響くほど、容疑者を殴《なぐ》りつけることもあった。その上、裁判に弁護人もいない!

「祖国の命令」で戦争に来たのに、その祖国は、弁護人さえ、なかなか送らないばかりか、苦《く》境《きょう》にある川崎先生らに支援の物資《ぶっし》を送りもしなかったのである〉(※2)

無償《むしょう》の弁護は一年半に及んだ。それは、戦争に敗れてなお続く、孤立無援《こりつむえん》の戦いだった。

次々に死刑判決が下された。牢獄《ろうごく》で自《みずか》ら命を断《た》つ被告もいた。弁護団は減刑《げんけい》の嘆願書《たんがんしょ》を書き続けた。

そうした日々を寅雄は、何十句もの俳句とともに『南方戦犯《なんぽうせんぱん》弁護団員の手記』（遊学文庫）に淡々《たんたん》と書き残した。戦時史《せんじし》研究家の高崎隆治《りゅうじ》は〈戦争証言としては第一級の価値がある〉〈この手記から学ぶことや考えさせられることは無数にある〉と高く評価している（一九九七年四月三日付「中外日報」）。

寅雄たちは弁護人として、銃殺刑《じゅうさつけい》の場にも立ち会った。たとえ正式な弁護人だったとしても、そのような命令はないし、義務もなかった。

〈……まちがいなく氏（川崎寅雄）は、それを弁護人の責務《せきむ》として自らに課《か》したのであろう。同時に、それは氏の強烈な人間愛《にんげんあい》の精神にもとづく行動だったのだろう〉（高崎隆治、同）

寅雄が日本の土を踏んだ時、敗戦から三年が経《た》っていた。「当時の外務省は、父が戦犯を弁護したことに『ノー・サンキュー』という反応でした。『命令したわけでもないのに、勝手なことをした』という論理です。父は帰国してすぐに外務省を辞めました」（川崎茂元）。

＊

家は空襲《くうしゅう》で焼け落ち、妻と二人の子どもは肺結核で苦しんでいた。アラビア語を生かせる仕事もない。

「父は一時期、名古屋の米軍基地で通訳になり、基地で働く日本人の労働組合の委員長もしていました。
アメリカ軍が何人かを解雇《かいこ》すると言い出した時、父は『筋《すじ》が通らない』と激論を交《か》わして、『彼らの代わりに俺が辞める』という交渉で決着をつけて家に帰ってきたんです。父は情《じょう》に厚《あつ》くて、威張《いば》っている権力者が大嫌いなのですが、私たち家族は路頭《ろとう》に迷って大変でした」と茂元は笑う。

初の中東訪問の折、イランの首都テヘランのゴレスタン・パレス（バラ宮殿）**を訪れ、記念の署名をする池田**
（1962年1月）©Seikyo Shimbun

寅雄は創価学会に入った後、「いままでなにひとつとして悪いことをしたわけでもないのに、なぜ不幸にならなければならないのかということを考えたのです」と語り残している。また「努力と信念をもってやれば、なんでも成《な》し遂《と》げられるという自分の信条が、はかないものであるということを家庭内の悩みや、仕事の行き詰まりから知ることができました」とも語っている。

「父は映画雑誌の営業もしました。米軍基地でよく売れたようです。そんな時、横浜に住んでいた母の姉夫婦が、おもちゃの輸出を手がけて

いて、家族で横浜に身を寄せました。母の姉が学会員でした」（川崎茂元）

創価学会に入った翌年、アラビア石油から声がかかった。クウェート駐在員《ちゅうざいいん》として海上油《かいじょうゆ》田《でん》の開発に携わる。それは戦後日本初の挑戦であり、のちにNHKの人気番組「プロジェクトX」でも取り上げられた。寅雄は戦後のクウェートやイラクでの日々を『アラビアの一年』（牧書店）という子ども向けの本にまとめている。

そのいっぽう、戦前、戦後を通じて、通訳として政府要人《ようじん》や財界人《ざいかいじん》の会見を何度もこなしてきた。家に帰ってくるなり「なんだあいつは。偉そうにしているが結局、自分のことばっかりじゃないか」と嘆《なげ》くことがしばしばあった。

わかってくれた
最初で最後の人

池田と初めて会った日――寅雄はそれまでの思いの丈《たけ》をぶつけた。

「池田先生、私は『アラブ語辞典』をつくりたいんです。日本には、まだ一冊もないんですよ！　これでは、アラビア文化のことがわかるわけがありません。英語や、ドイツ語、フランス語の辞典は、いくらでもあるのに、あまりにも偏《かたよ》りすぎています。

アラブ世界は、地球の巨大な部分を占《し》めているんです。何億人もいます。その人たちが、どんな考えを持っていて、どんな気持ちで暮らしているのか。それが全然わからないというのでは……。日本人の『世界地図』は、ひどく、ゆがんでいると思うんです」（※2）

池田は「その通りです。私も、それを心配しています」と応じた。続けて池田が言った一言に、寅雄は目を見張った。

「ちょうど、きょう、たった今、『東洋学術《とうようがくじゅつ》研究所』（現・東洋哲学研究所）の発足式《ほっそくしき》をしてきたばかりなんです。これは、東洋を中心にして、世界の文化や思想・宗教を研究する機関です。もちろん、アラビア文化、イスラム哲学も入ります」

池田は寅雄に、必ず『アラブ語辞典』を完成させてほしい、と励ました。

〈さまざまな話をしているうちに、いつしか川崎さんのほおに大粒《おおつぶ》の涙が筋《すじ》を引いているのに気づいた。心の内に何か変化が起きたようだった〉（※1）

「あの日、父は『ちょっと行ってくる』と出かけていきました。母から頼まれて、渋々《しぶしぶ》でした。それが家に帰って来たら、『池田先生からいただいたぞ』と『法華経《ほけきょう》』（『妙法蓮華経《みょうほうれんげきょう》 並《ならびに》開《かい》結《けつ》』）を大切に持っていました。そして家族全員を仏間《ぶつま》に集めて題目三唱《だいもくさんしょう》した後、振り返って『俺も今日から信心をやるぞ！』と。それまで父は、まともに勤行《ごんぎょう》もしたことがなかったですから、びっくりしました。

池田先生は父にとって、自分のアラブに懸《か》けてきた愛情を、初めて、心の底から理解してくれた人でした。おそらく最初で最後の人でした。だからあれほど喜んだのだと思います」

「先生と会った翌年、父は日本で初めての『アラブ語辞典』を、自費出版《じひしゅっぱん》で世に出します。『池田先生との約束だから』と言って、完成にこぎつけました」（川崎茂元）

「創価大学で余生《よせい》を過ごしませんか」

辞書を作るといっても、そもそも「アラビア文字の活字」は日本のどこにもなかった。寅雄は「写植《しゃしょく》」方式を選んだ。

〈まず、アラブ諸国《しょこく》の小学校に依頼して、大量の教科書を取り寄せた。そして、「奉仕《ほうし》する」「価値がある」などの日本語をページの左側に印刷し、その言葉に該当《がいとう》するアラビア語を教科書から探しだして、ページの右側に貼《は》っていくのである。面倒《めんどう》極《きわ》まる手作業。一日の予定を終えてから、夜中に、こつこつと続けた。御家族も手伝った。

自費出版である。「家が一軒《いっけん》建《た》つほどの金額を、つぎこんだ」という。夫人の実家からも資金を借りた。

そして、ついに、日本初の『アラブ語辞典』が完成した。

……その後も、先生は『アラビア語入門』『最新　日ア辞典』を完成し、アラビア語の〝三部作〟として、不滅《ふめつ》の光を放っている。多くの後進が、これらに、どれほど、お世話になった

川崎寅雄の著作である『アラブ語辞典』や『最新 日ア辞典』など。川崎は中東文学の紹介にも力を入れ、『アラブ近代文学の群像』（小社刊）や『アラブの文学』（みき書房）で、古今の文学者約50人の業績に触れている ©Seikyo Shimbun

かわからない〉（※2）

『アラブ語辞典』が出来上がった数年後、川崎寅雄は池田と、もう一つの約束を交わす。

「ある日、学会本部の門の前で、ばったり先生と会ったようです。その時、先生から『川崎先生、お会いしたかったんです。創価大学ができたら、いらっしゃいませんか。創価大学で余生《よせい》を過ごしませんか』と声をかけられ、父は大声で『必ず行きます！』と答えたそうです」

「父は創価大学の創立に、設立準備委員会の一員として三年間、携わりました。東京外大の助教授だったので、周りから『もうすぐ助教授から教授になれるのに、何を考えているのか』と言われたそうです。あの時も父は『池田先生との約束だから』と言

って意《い》に介《かい》しませんでした」（川崎茂元）

*

創大一期生の浅子さやかは、寅雄の授業で見事なアラビア語を耳にして「なんと美しい言葉か」と胸打たれた一人である。八王子の下宿暮らしで、経済的にはアルバイトを掛け持ちして生計を立てる苦しい日々だった。しかし、どうしてもアラビア語を深めたいと思い、創大の授業とは別に、三鷹《みたか》市にあるアジア・アフリカ語学院に通った。

創大の図書館職員だった柿沼達郎《たつお》。「当時、私は教員の研究図書の購入《こうにゅう》と、その蔵書登録《ぞうしょとうろく》を担当していました。しかしアラビア語の本のカード目録《もくろく》は書けなかった。すべて川崎教授にお願いしました。図書館の事務長だった吉田良佑《りょうすけ》さんの勧《すす》めで、アラビア語の授業も受けたんですが、歯が立たなかった」と苦笑する。

「ふとした時に『南アフリカのアパルトヘイト（人種隔離政策）を止めさせないと。黒人を助けなければならん』と熱く語られたことが印象に残っています。まだ日本では南アの実態がほとんど知られていない時代でした」

「川崎先生の研究室で『最新　日ア辞典』の編集を手伝いました」と述懐《じゅっかい》するのは二期生の宮崎康明である。「『日本で最初の〝日本語からアラビア語が引ける辞書〟を作るんだ』と言われていました」。

池田との約束を果たした『アラブ語辞典』は〝アラビア語から日本語を引く辞書〟だった。

『アラブ語辞典』も『最新　日ア辞典』も、自費出版で完成にこぎつけた。

「よく研究室でアラビア語の音楽や歌をカセットテープで流して、口ずさみながら、即興《そっきょう》で歌詞を翻訳《ほんやく》されました。とくに、ある女性歌手の歌を流すことが多かった。

私は創大を卒業した後、エジプトのカイロに語学留学したのですが、現地で暮らしていると、ラジオでもテレビでも、至るところであの時の歌が聞こえてきて驚きました。その歌声の主は、ウンム・クルスームという〝アラブ世界で知らない人はいない歌姫《うたひめ》〟だったのです。実際にカイロに行ってから、川崎先生は八王子の研究室で、はるか彼方《かなた》のアラブの詩心《しごころ》を教えてくれていたんだと気づきました」（宮崎康明）

康明は日立家電《ひたちかでん》に就職し、三年でエジプトの市場《しじょう》開拓《かいたく》の突破口を開き、アフリカ課長などを務めた。定年後は広島で、留学生と市民が交流する市民団体をつくり、創大の通信教育で日本語教師の資格もとった。

「今はジェトロ（日本貿易振興機構）のコーディネーター（専門相談員）として、外国人と中小企業を結ぶ手伝いをしています。自分も私費《しひ》留学で苦労しましたから、日本に来て苦労している私費留学生の気持ちがわかります」と笑顔で語る。

「此《こ》の一書をわが身より離《はな》すこと勿《なか》れ」

「留学していたスペインやエジプトで日本人に出会うと、『アラビア語は川崎先生から教わった』という人が何人もいて驚きました」

そう語るのは創大文学部教授の石原忠佳《ただよし》である。「アラビア語」や「中東文化論」などを担当している。

「創大では今、アラビア語の授業は『第二外国語』として選ぶことができます。しかし川崎先生の時代は『自由聴講《じゆうちょうこう》科目《かもく》』でした。つまり、授業を受けても単位にはならなかったんです」。それでも強烈な人間性に魅了《みりょう》され、授業に通《かよ》った。

大学三年生の夏、スペインの国立グラナダ大学へ留学。寅雄からも、そして創立者の池田からも励まされ、日本を旅立った。スペイン語をはじめラテン語、アラビア語、フランス語、ヘブライ語を習得。同大学で外国人初の卒業生となった。

後年、スペイン語で「世界初」となる日本語の文法書を発刊し、当時の在《ざい》スペイン日本大使が序文を寄せている。

忠佳は述懐する。「川崎先生は、教え方がうまい、とかじゃないんです。それまで見たこともないスケールの人だった。彼との触れ合いの全体が〝一個の授業〟のようでした」。

「川崎先生の心を動かしたのは、紙に書かれた理念ではなかった。創立者との一対一の対話です。創立者は川崎先生の本質を見抜かれたのでしょう。川崎先生もまた創立者に惹《ひ》かれた。そしてそれまでの立場を捨てて、新しい時代を開くパイオニアとしての道を選ばれたのだと思います」

「私は川崎先生に『日本にいたらアラビア語は勉強できないよ。早く現地に行きなさい』と背中を押されて留学してから、北アフリカを何度も旅したのですが、モロッコで使われているアラビア語がまったく理解できませんでした。エジプト人に聞いても『彼らのアラビア語はわからない』

創価大学で、記念の写真に納まる池田と川崎寅雄（1974年8月）。**創大はイスラエルのヘブライ大学、トルコのアンカラ大学をはじめ、世界66カ国・地域、247大学と学術交流協定を結んでいる**（2023年8月末現在）©Seikyo Shimbun

と言う。

それまでモロッコ・アラビア語はアラビア語の方言だと思っていましたが、そうではなかった。

北アフリカには、三〇〇〇年前から暮らしていた先住民族《せんじゅうみんぞく》がおり、今は『ベルベル人』と呼ばれています。彼らがアラブに支配され、アラビア語とベルベル語が混ざり合って、文法も発音もまったく異《こと》なる言語が生まれたのです。そのことを知ってから、私はベルベル語の研究を始めました」

忠佳は二〇一四年（平成二十六年）、「ベルベル文字」を取り入れた、世界初のベルベル語の文法書を発刊した（『ベルベル語とティフィナグ文字の基礎』春風社）。今は〝世界で初めてのベルベル語辞典〟を手がけている。

「私がモロッコの大学で教えた学生の一人が今、創大で『スペイン語』の授業を担当してくれているんですよ」。そう言って微笑《ほほえ》んだ。

＊

川崎寅雄は大学の授業が終わると、創価学会の総ブロック長（現・支部長）として動いた。

一緒に活動した青年部員は、会合で寅雄が皆に向かって話している途中、高齢の婦人が遅れて会場に入ってくると、「やあやあ！　元気でしたか！」と入り口に駆け寄り、抱きかかえるように迎え入れた姿が忘れられないと述懐する。

「学会員であろうがなかろうが、すぐに、誰でも家に連《つ》れてくる人でした」と長男の茂元が語る。「母が料理を出して、じつに楽しそうに懇談《こんだん》しているんですが、その人が帰ってから母が『あの方は、どなた?』と聞くと、『知らんなあ……』。帰りの電車で知り合った人だから、名前も知らん』と言うんです」。

そんな寅雄の人柄を、池田は〈丸い体に、たぷたぷと、人間への熱い思いが、いっぱいに詰まっていた〉(※2)と綴っている。

創大が開学三年目を迎える年――寅雄は体を壊《こわ》して入院した。病室に一枚の原稿用紙が届いた。

〈前略

毎日、毎日、御祈念《ごきねん》しております。

一日もはやく、お元気になられます様《よう》に。ともあれ、ごゆっくり御静養《ごせいよう》下さい。

すこやかな

笑顔　待ち待ち

春麗《はるうら》ら

草々

二月十八日　朝

池田大作

川崎先生
　梧下《ごか》〉
池田はまっさらな御書《ごしょ》（日蓮の遺文集《いぶんしゅう》）に〈御長寿をひたすら祈りつつ　此《こ》の一書をわが身より離《はな》すこと勿《なか》れ〉と揮毫《きごう》し、寅雄のもとに届けたこともあった。寅雄自身、

〈自身法性《じしんほっしょう》の大地を、
　生死《しょうじ》生死と転《めぐ》り行くなり〉

という日蓮の言葉が大好きだった（御義口伝《おんぎくでん》、御書七二四ページ、新一〇一〇ページ）。三世（過去世、現世、未来世）を貫《つらぬ》く生命観を表した一言である。

「人生乱舞《らんぶ》」と題した手記に、寅雄はこの一節を引いて〈なんとうれしいことではないか。なんと楽しいことではないか。それならば最善《さいぜん》のスリルを展開してゆけるではないか。〝風林火《ふうりんか》山《ざん》〟の縦横無尽《じゅうおうむじん》の境地を拓《ひら》いてゆくことができる〉と記《しる》している。

「学生が喜んでくれたなら、それが私の勲章《くんしょう》です」

〈彼とは創大に行くとかならず話し合った〉（※1）――池田は寅雄との語らいの節々《ふしぶし》を書き留めている。

〈……川崎先生はよく、日本人の無認識《むにんしき》を嘆いておられた。

「アラビアにも冬があるし、雪だって降るんですよ」「砂漠《さばく》と言っても、砂というより土です」「イスラムは砂漠の宗教ではありません。むしろ多様な人が行《い》き来《き》する都市で生まれた宗教です」

「コーヒーも、シュガーも、アルコールも、アルカリも、シロップも、モスリンも、ギターも、ソファも、もとはアラビア語なんですよ。みんな文明用品ですね。おっと、日本語と思われている『ジュバン（襦袢）』も『ジョーロ（如雨露）』も、ポルトガル経由のアラビア語です」

等々〉（※2）

創大の教授として『最新　日ア辞典』を完成させ、満面の笑みで池田と握手を交わした。キャンパスで池田を見かけると、文系校舎の窓から丸い体を乗り出し、「せんせー！」と大声を張り上げた。池田も笑って手を振り返した。

教授として力《ちから》を入れたのは、学生向けの授業だけではなかった。一九七三年（昭和四十八年）から始まった市民向けの「夏季大学講座《かきだいがくこうざ》」も担当した。「シルクロードのアラブ人」「近代アラブ文学者群像《ぐんぞう》」「アラブ諸国と中東の平和」……毎年、違うテーマを考え、熱弁を振るった。

参加者が「今日は創価大学に来てよかった」と満足して、八王子から家路《いえじ》に就《つ》けるように、研究の最先端《さいせんたん》を惜《お》しみなく注《そそ》いだ。寅雄の講座は笑いが絶《た》えなかった。

「働きながらも、どうしても勉強したい人が、今もどこかにいるでしょう。なんとか添《そ》うてやりたい。自分もそうでしたから」――そう池田に語っている。

「喜々《きき》として創価大学にやってくるおじさん、おばさんを見ると、なんと尊い姿か。抱きしめたくなります。池田先生、創価大学は本当にすごい大学です。見てください。庶民《しょみん》がこんなにうれしそうに勉強していますよ」

創大に通信教育部が誕生したのは一九七六年（昭和五十一年）。その翌年、八月の暑《あつ》い盛《さか》りに寅雄はこの世を去った。六十三歳だった。創大は文学部葬《そう》で寅雄を弔《とむら》った。

〈川崎先生が、キャンパスの片隅《かたすみ》で、しみじみ語っておられた言葉を、私は忘れない。

「池田先生、私にとっては、どんな博士号よりも文化《ぶんか》勲章《くんしょう》よりも、地位よりも、学生が喜び、満足してくれたなら、それが私の勲章です。私は、学生から慕《した》われ、尊敬されたという勲章を胸に下げて、一生を終わりたいんです」

先生は、アラブとの友好の道を開いてくださっただけでなく、創価大学の教員としての正道《せいどう》をも示してくださったのである〉

〈創大にいらした期間は、わずか六年。しかし「一生分の仕事が、全部、八王子でできた」と言われていたという〉（※2）

＊

川崎家に一枚の写真が届いたのは、寅雄が亡くなった十五年後のことである（一九九二年六

川崎家に贈った、池田が撮影したピラミッドの写真（1992年6月）。後年、池田はピラミッドを初めて視察した時のことを述懐し、「かくも精確にして巨大なる金字塔を地上に生んだ、『民衆』の力こそ永遠なり」と綴っている
©Seikyo Shimbun

月）。それは、池田がエジプトで撮《と》った写真だった。

寅雄から旅のアドバイスを受け、初めてエジプトを訪れてから、ちょうど三十年ぶりの訪問だった。この時、創価大学とカイロ大学の学術交流《こうりゅう》協定《きょうてい》が結ばれている。

撮った写真は、ギザの「三大ピラミッド」の一つ、「カフラー王のピラミッド」。手前に草が生《お》い茂《しげ》っている。〝今を生きる〟みずみずしい緑と、〝永遠を生きる〟ピラミッドの対照《たいしょう》が鮮《あざ》やかな一枚だった。

「川崎先生を偲《しの》んで、沙漠《さばく》で祈りを捧げました」

と伝言を添えた。

寅雄に信心の基本を教え、ともに学会活動に励み、アラビア研究を支え続けた妻の曜子は、寅雄が青春の日々を過ごしたエジプトの地から届いたその写真を、寅雄が使っていた部屋に飾った。「夫が帰ってきたように感じます」。池田にそう伝えた。

〝不滅の業績《ぎようせき》〟を意味する「金字塔《きんじとう》」という言葉は、ピラミッドの別名である。

※1＝『忘れ得ぬ同志〈2〉』

※2＝「聖教新聞」二〇〇一年九月十六日付

第6章

国家悪《こっかあく》との死闘《しとう》、大熊信行

——大学の日々③

大学闘争の時代、「学生参加」を訴え抜く老碩学《ろうせきがく》がいた。『国家悪』などの力作で知られる大熊信行《のぶゆき》である。八十四歳まで創価大学で教え、「創立者の偉大さを日本人はわかっていない」と口癖《くちぐせ》のように語り続けた。〝人間のあらゆる結合《けつごう》のなかで、師弟ほど美しいものはない〟と訴えた大熊と、池田大作の対話をひもとく。

斉藤八千代は、東京・港区の高輪《たかなわ》で永楽荘《えいらくそう》というアパートを管理していた。住人の中に、六年前に妻を亡くした、七十六歳の老教授《ろうきょうじゅ》がいた。

気さくな紳士《しんし》だった。あごをひいて机に向かう。長身で、鶴《つる》のように痩《や》せていた。一八九三年（明治二十六年）、山形の米沢《よねざわ》市で生まれた。理論経済学の大家《たいか》だった。日中戦争の前から、評論家としても、歌人としても知られていた。神奈川大学や富山大学で学部長を務めた。

「創価学会の会長が、この部屋に来られるのです」

一九六九年（昭和四十四年）の夏が終わり、秋風が立ち始めるころ、その老教授が部屋の模《も》様替《ようが》えを始めた。いそいそと動き、腰をかがめては家具を動かしている。八千代がわけを尋《たず》ねると、「創価学会の会長が、この部屋に来られるのです」という。

〈……当時、未入会《みにゅうかい》の私も緊張《きんちょう》していました。同じ棟《むね》に学会員の婦人が住んでおられ、事情を話したところびっくりされ、「喜んでお手伝いします」。当日、玄関に水を打つなど二人で清掃をしました〉（斉藤八千代の手記、二〇〇七年四月六日付「聖教新聞」）

四十一歳の池田大作が、その老教授――大熊信行《のぶゆき》のもとを訪《おとず》れたのは九月二十九日の午後である。

二人が会うのは、これが二度目だった。何日も前から大熊は準備を整えていた。かつて留学時代に親しんだイギリス製の椅子《いす》を求め、茶器《ちゃき》からスリッパまで、少しでもいいものを吟味《ぎんみ》した。

アパートを訪れた池田は、八千代たちにも挨拶《あいさつ》した。

〈……お迎えした私たちに、「学会の方ですか」と尋ねられました。私は「いいえ」と緊張して言いました。温かな声でした。今も耳朶《じだ》に残っています〉（同）

八千代は、自分は違うが、母親が学会員であることを話した。池田が永楽荘をあとにした一時間後、八千代のもとに「お世話になりました」という伝言と、池田の著書、そして念珠《ねんじゅ》が届いた。

*

のちに八千代も創価学会に入り、神奈川の海老名《えびな》や座間《ざま》の地で信仰を貫いていく。

高輪の2DKのアパート——池田と大熊信行の懇談は二時間を超えた。話題にのぼったのは「大学紛争《ふんそう》」の行く末だった。

「紛争なき大学は大学にあらず」とまで言われた時代である（『朝日年鑑』1969年版）。背景には、ベトナム戦争に対する世界的な反戦運動もあった。学生たちは、戦後社会のあり方に大きな不満を抱えていた。

東京大学の安田講堂は半年以上、バリケード封鎖《ふうさ》された。この年の一月、東大の総長の要請《ようせい》で、八五〇〇人の機動隊《きどうたい》がキャンパスに突入《とつにゅう》した。池田が大熊宅を訪《たず》ねる一週間ほど前には、京都大学に機動隊が入り、五十六人が逮捕《たいほ》されている。

前の月には、悪名《あくみょう》高い「大学立法」（大学の運営に関する臨時措置《そち》法）が国会で強行採決《きょうこうさいけつ》されていた。これは、国立大学で紛争が九カ月続けば「閉校《へいこう》」、さらに三カ月経《た》っても収拾《しゅうしゅう》がつかない場合は「廃校《はいこう》」にできる、という時限《じげん》立法だった。公立大も私立大も、これに準《じゅん》じる。

当時の政府が、どれほど学生の怒りに手を焼いていたか、その一端《いったん》がうかがえる。この「大学立法」には、創価学会学生部も反対運動を起こした。

警察庁はこの年の上半期、政治活動で逮捕された高校生が、全国九十四校で一四四人を数えたこと、今も紛争が続く高校は一〇二校にのぼることを発表。若者の怒りは大学だけの問題ではなかった。

「政治の季節」といわれる日々が、長く続いていた。

アメリカ——黒人差別の撤廃《てっぱい》を掲《かか》げた「公民権《こうみんけん》運動」。そのリーダーであるマーチン・ルーサー・キング・ジュニアが暗殺されたのは、一九六八年（昭和四十三年）の四月だった。チェコスロバキア（当時）——「プラハの春」。フランス——ドゴール退陣に至る「五月革命」。世界史の教科書に載《の》るような出来事が、次々に起こった。

日本では、名だたる大学で闘争の火の手が上がった。東京大学は医学部のインターン（実習生）の処遇《しょぐう》をめぐる学生の処分が引き金になった。日本大学は大学側が犯した二十億円もの脱税に対する怒りが発端《ほったん》だった。

東京大学の安田講堂に籠城（ろうじょう）**する学生らに放水する機動隊。この模様は全国にテレビ中継された**（1969年1月、東京・文京区）
©毎日新聞社

他にも授業料の値上げなど、きっかけはそれぞれ違うが、学生たちは〝象牙《ぞうげ》の塔〟に根づいている権威《けんい》主義や不合理《ふごうり》に抗議《こうぎ》の声を上げ、全共《ぜんきょう》闘《とう》（全学共闘会議）をつくっていった。その多くは「ノンセクト」といわれ、どの党派《とうは》にも属《ぞく》さない学生たちだった。

中央、法政、慶応、早稲田、上智、同志社、阪大、広大、九大……建物の封鎖や授業放棄《ほうき》、ストライキなどが起きた大学は、一九六八年（昭和四十三年）は一二七校。四年制大学の三十四パーセントにのぼる。翌年（同四十四年）は、じつに全体の四割を超え、一五三校を数えた。「大学紛争」の時代は、「六〇年安保《あんぽ》」から「七〇年安保」の十年に重なる。「日本の大学」について考えることは、そのまま「日本の平和」について考えることだった。

泥沼《どろぬま》の中の希望

結局、ほとんどの大学が機動隊を導入した。「紛争」の多くは鎮《しず》められた。しかし、学生たちが訴えた問題のほとんどは、そのまま残ってしまった。

池田が「立法《りっぽう》」「司法《しほう》」「行政《ぎょうせい》」の三権に、「教育権」を加える「四権分立《よんけんぶんりつ》」を唱えたのは、まさにこうした動きの渦中《かちゅう》だった。

〈現在の政界の一部には、政治権力の介入《かいにゅう》によって大学の再建を図《はか》ろうとする動きがあるようだが、それでは、さらに火に油を注《そそ》ぐことにしかなるまい。

真《しん》の解決策《かいけつさく》は、むしろ教育の尊厳《そんげん》を認め、政治から独立することに求めなければならないと思う。

本来、教育は、次代の人間と文化を創《つく》る厳粛《げんしゆく》な事業である。したがって、時の政治権力によって左右されることのない、確固たる自立性をもつべきである。その意味から、私は、これまでの立法、司法、行政の三権に、教育を加え、四権分立案を提唱しておきたい〉（「大学革命について」、月刊誌「潮」一九六九年七月号、『池田大作全集』第十九巻）

＊

「四権分立」を世に問うひと月前、池田は大学紛争に飛び込んだ学生たちについて〝いじらしいし、可哀想《かわいそう》だ〟と語っている（一九六九年五月三日、第三十二回本部総会）。

月刊誌の「主婦の友」から「学生問題」について寄稿を求められ、〈今の指導者たちも、また、大学の教授や管理者たちも、所詮《しよせん》は、学生への愛情と信頼がなかったところに、紛争がかくまで手のつけようのないものとなった根本原因があったのではないか〉と綴《つづ》った（一九六九年二月号、前掲全集第十八巻。傍点は引用者）。

「法華経《ほけきよう》」では、釈尊《しやくそん》の後を継《つ》ぐ「地涌《じゆ》の菩薩《ぼさつ》」を、〝泥の中から咲く蓮華《れんげ》〟に譬《たと》える。池田は二年後に自《みずか》ら創立する大学を、〝泥沼〟のような現実を変える〝希望〟と位置づけた。先の本部総会で、次のように訴えている。

「……この果てしない泥沼に入った大学問題の実体こそ、新しい理念と思想による、全《まつた》く新しい大学の出現を待望する時代の表徴《ひようちよう》であると考えたい。

創価大学は、まさにこの時代の要望に応《こた》える新時代の学府《がくふ》でなくてはならない。またそれは同時に、破壊と混乱に終始《しゅうし》している今日の大学革命のなかにあって、初めて芽《め》ばえた建設の象徴であり先駆でもあります」

池田が大熊と初めて会ったのは、この講演の直後のことだった（一九六九年六月十四日）。

それから二年後——七十八歳の大熊は、開学したばかりの創価大学の教授として、一期生を迎え入れる。創大屈指《くっし》の碩学《せきがく》として、八十四歳まで経済学を教えた。

教授会で、ある教授がこれまでの他大学での経験のみで議論を押し通そうとした時、大熊が「創立者の構想が最も大事です」とたしなめる一コマもあった。

創大で教え始めて二年ほど経ったころ、大熊は池田の印象を〈年齢の上では、親と子ほどの開きがあるのに、いつとはなしに先方《せんぽう》を「先生」と呼びたい気持ちになっている〉と綴った（「池田会長とのめぐり会い」、写真集『人間革命の記録』写真評論社、一九七三年に発刊）。

同じエッセーで、池田と出会った経緯《けいい》を次のように振り返っている。

〈……学会本部に池田会長を訪問しようと思い立った最初は、本をいただいたお礼を申しあげたいためであった。何冊も頂戴《ちょうだい》しながら、一通もお礼状《れいじょう》をしたためていないのにこちらからおとどけした一冊には、すぐさま直筆《じきひつ》のお礼状がとどいた。もう手紙では尽《つ》くせないから、ご挨拶にあがることにしよう。

……まことに意外だったのは、会長の側近や、学会の幹部といった人たちが、のこらず座をはずし、そこにひとり立っておられるのが池田会長であったということ〉

創価大学で大熊信行と握手し言葉を交わす池田（1974年10月）©Seikyo Shimbun

　とくに初対面の挨拶が、大熊の心に残った。

〈……その言葉のなかに、わたしをハッとさせるものがあった。というのは、わたしの『国家悪《こっかあく》』について、ただ一言、「穴にも入りたい思いがしました」といわれたことである。この瞬間、池田会長は、わたしのそれまでのイメージを飛び超え、およそ地位と権力に囚《とら》われることを知らない「純真《じゅんしん》の人」という強い印象を、わたしに与えた。しかし同時に、わたしにも不思議なことが起こった。我知《われし》らず口走ったのは、「わたしは出来そこないですから」という、いわば自己紹介の一語だった〉

〝国家主義の悪〟という巨大なテーマを問いつめた労作《ろうさく》を称《たた》える池田の言葉と、その謙虚《けんきょ》さに大熊は胸を打たれた。

大熊は『国家悪』をはじめ『日本の虚妄《こもう》』『兵役拒否《へいえききよひ》の思想』などを通し、日本の平和思想を鍛《きた》え、深めていった先駆者である。

池田はその先達《せんだつ》に対する尊敬の念を、同じく国家主義の悪と戦う一人として率直《そつちよく》に伝え、対話が始まった。

*

二人が出会うきっかけをつくった一冊の本、『国家悪』。これまで四度、装《よそお》いを変えている。

池田が手にしたのは、一九五七年（昭和三十二年）に出た中央公論社版だった。副題《ふくだい》は、

「戦争責任は誰のものか」

というものだった。池田と大熊が出会った年の暮れに、増補版《ぞうほばん》が小社から世に出された。大熊はその副題を、

「人類に未来はあるか」

に変えている。

池田は自らの小説『人間革命』でも、この「国家悪」という言葉に言及している。

この本で大熊が論じたのは、他の誰でもない、自分自身の「戦争責任」だった。

消すことのできない過去があった。四十九歳の時、太平洋戦争の最中、「大日本言論報国《だいにっぽんげんろんほうこく》会《かい》」の理事になった。そして、戦争を進めるための理論づくりを担《にな》ったのである。

〈われわれは当時みずからファシズムの波に乗っているとは思わなかった。そういう波が来ていると思い、その波にさからっていると思いながら、さからっていたのは波がしらにたいしてであって、われわれはすでに大波のうえに乗っていた〉（『定稿　告白』論創社）

人生をかけた研究が、戦争の大きな波に飲み込まれていった。日本が敗《やぶ》れた時、五十二歳だった。すでに当時の日本人の平均寿命《へいきんじゅみょう》を超えている。

しかし大熊の言論が、他にない重みを増していくのは、それからだった。

「国家悪」は、我々の「内」にある

戦争中の言動に〝ほおかむり〟をして、ごまかしながら余生《よせい》を過ごす人もいた。自分のことを棚《たな》に上げて、他人の戦争責任ばかりをあげつらう人もいた。大熊は、最もつらい、己《おのれ》を問いつめる道を選んだ。その反省のなかで、痛恨《つうこん》の事実に気づく。

かつて自分は、政治から逃げられると思っていた、しかし、その考えそのものが、浅はかだった——というのである。

〈……国家の名において行なわれるものには、すべてこれに服《ふく》する、という単純な信条が、自分を支配していたのだ。人間は政治からまぬかれうるものではない。まぬかれえたと考えることは、一層《いっそう》ひどく、一層わるいかたちで、政治と結びつくことでしかない。わたしはいま、そのような反省のなかに自分を沈《しず》めている〉（『国家悪』論創社）

国家の存在は〈疑うには大きすぎ、疑ってみてもはじまらない〉ものだった。〈戦争が試金《しきん》石《せき》だった。そして現にあるがままの国家に、加担《かたん》したのがわれわれなのだ。……忘れては、ごまかしては、ならぬ〉。

〈戦争中の自分をどう考えるか〉。大熊は自らに問い続けた。そして〈国家悪はわれわれの外にあるのではなくて、われわれの内にある〉と結論する。

内なる悪を断《た》つことで、はじめて国家悪を断つことができる。〈それが可能であるかどうかはよくわからない。しかし、それを断たなければならない〉——大熊は〝論壇《ろんだん》の一匹狼《いっぴきおおかみ》〟と呼ばれながら、その方法を探し続けた。論陣《ろんじん》の幅《はば》は広く、政治、経済から社会評論、教育、文化に及んだ。〈国家にも祖国《そこく》にも、崇高《すうこう》なものなどは、なにひとつない〉と明言し、〈われわれを国家よりも高く引きあげる〉何かを求めた。

池田にとっても、「国家悪との戦い」は、自らも戦い、何度も言及してきた大きなテーマである。

かつて国家悪に加担し、己の責任を問い抜いてきた七十六歳の大熊。

その国家悪に命を奪《うば》われた牧口常三郎《つねさぶろう》（創価学会初代会長）と、牧口の遺志《いし》を継《つ》いだ戸田城《じょう》聖《せい》（同第二代会長）という先師《せんし》、恩師《おんし》を持つ池田。

一冊の本をめぐる二人の対話が、まもなく産声《うぶごえ》をあげる新しい大学の〝背骨《せぼね》〟を形づくった。その対話のドラマを追う。

*

二人が初めて会った三カ月後、大熊は自宅に池田を迎えた。

〈（初めて会った際に）なんとも当惑《とうわく》したのは、池田会長がわたしのところへ訪ねてくると、本気でいいだされたこと。妻を失って、せまいアパートのひとり暮し。会長をお迎えできるような住居《すまい》ではない。お伴《とも》の人びとに坐《すわ》っていただく場所もない。ありのまま申しあげても、ひとりで行くといわれれば、おことわりする理由はなくなってしまう〉（前掲『人間革命の記録』）

池田と二度にわたって、合計四時間ほど話し合った大熊は、まだ見ぬ創価大学で教えることを決心する。

「創立者と大熊信行の出会いについては、私が担当している『人間教育論』という授業で話しています。二人の出会いは創価大学にとって大きな意味がありました」

創価大学の前学長・馬場善久が語る。

「私たちは創立者から『創価大学は学生のための大学だ』と何度も教わってきました。創大の特徴は、『国際交流』の豊かさとともに『学生参加』の原則にありますが、創立者と大熊信行は、同じ時期に、この『学生参加』について論じているのです」

学生の参加を「許《ゆる》す」のではない。学生に参加を「お願いする」べきだ

東大の安田講堂がバリケード封鎖されている最中、大熊信行は「国家権力と大学の運命」という論文を発表する（月刊誌「潮」一九六八年十一月号）。

「注目すべきは、このくだりです」。創大文学部教授の伊藤貴雄が、論文の一節を指さした。

〈……ここで注意を乞《こ》いたいのは、「学生参加」をゆるすべきである、とわたしは説《と》いているのではない。新しい大学の運営には、学生の参加が必要であり、大学はそれを学生に求めなければならない、と主張しているのである。これが新しい大学の思想である〉

「大学運営に、学生の参加を『許す』のではない。学生に参加を『お願いする』べきだ、と。大学紛争の暴力が吹き荒れていた当時、極《きわ》めてまれな主張です」

伊藤はこれまで、池田と大熊の交流、そして互いの言論の軌跡《きせき》を辿《たど》ってきた。

「創立者と大熊信行は、創大の開学前に直接会って意見を交《か》わしていますが、それ以前に二人が発表した論文や講演を読みくらべて驚《おどろ》きました。二人はまるで〝会わずして対話を重ねてい

創価大学の経済学部の授業風景。留学生と日本人学生がともに学ぶ（2019年5月）。同学部では2019年から、卒業までのすべての単位を英語で履修（りしゅう）できる「SUCCEED（サクシード）」という制度を開設している ©Seikyo Shimbun

る〟かのようなのです。その象徴《しょうちょう》が『学生参加』の思想です。

もう一つは〝家庭の教育が最も大切である〟ということ。大熊は、国家は『死』の象徴であり、生命を育《はぐく》む家庭を『生』の象徴ととらえた。そして『家庭論』を自らの経済学の柱に据《す》えました。

そして最大の共通点は〝人生において、師《し》弟《てい》ほど美しい人間関係はない〟という信条です。

大学はあくまでも〝大学卒〟という資格を与える制度です。大熊はこの点を指摘し、大学における師弟関係は幻《まぼろし》にすぎない、と断《だん》じました。しかし同時に、大学の制度を超えた次元で、師弟関係が生まれるのだと訴えた。

〝人間のあらゆる結合《けつごう》のなかで、師弟ほど美しいものはない。『ともに学ぶ』関係であり、ともに『道』を求める関係だ。宗教の世界を考えてみよ〟と書いています。

　創立者と大熊は、これらの論点をすべて、直接話し合う前に、お互いに別の場所で訴えていたのです」

「大熊は『人間のための国家』が『国家のための人間』になってしまう宿命を考え抜きました。その大熊にとって、大学もまた『学生のための大学』でなければならなかったのだと思います。こうした歴史観がどれだけ大切なものかを、大熊は創大生に訴え続けました」

＊

　大熊の論文の半年後、池田は本部総会で次のように語った。

「教授と学生との関係は、相互《そうご》に対峙《たいじ》する関係ではなく、ともに学問の道を歩む同志として、あえていえば、先輩と後輩といった、あくまでも民主的な関係でなくてはならない。

　今日の大学問題の行き詰まりも、直接的な原因をたずねてみれば、やはり教授と学生との隔《かく》絶感《ぜっかん》、対立思想にある。

……仏法の師弟観は、根底は師弟不二《ふに》であり、仏法の道をともに研鑽《けんさん》する同志であり、友達の間柄《あいだがら》であります。これが最も民主的な師弟の関係であり、本来の師弟観なのであります。これからの大学においても、この仏法の師弟不二の教育観に基《もと》づいた、新しい教授と学生の関係性が、樹立《じゅりつ》されなければならなくなってくると思うのであります。

　したがって、創価大学は、学内の運営に関しても、学生参加の原則を実現し、理想的な学園

共同体にしていきたい」（一九六九年五月三日）

創大理事長の田代康則は「大学には『試験』がある以上、どうしても権威主義の問題が出てきます。すでに中世のパリ大学で、この歪《ゆが》みが生じていたようです」と語る。

「創立者も大熊も、この問題を開学前から鋭く指摘していました。私たちが常に考え続けている課題です」

前学長の馬場善久は「『学生参加』の原則は、学生と教職員が対等な立場で臨《のぞ》む『全学協議《ぜんがくきょうぎ》会《かい》』に結実《けつじつ》しました。これまで三六〇回を超えています。私自身、創大の一期生ですが、最初の全学協議会の学生委員を務めました。そこで学んだのは〝民主主義は時間がかかる。しかし必要だ〟ということです」と笑って語る。

*

馬場は「創立者は第一回創大祭で〝学生と教師は対等だ〟と明言されました。学生だった私は納得《なっとく》して聞いていました。しかし、今でこそ多くの大学が『学生参加』を言っていますが、自分が教える側になり、大学の運営に携《たずさ》わり、各地の大学の実情を知るようになって初めて、あの大学紛争の嵐の時代に『学生参加』『学生第一』を掲げたのは、どれほど衝撃的《しょうげきてき》で、革命《かくめい》的《てき》なことだったのかを思い知りました」と述懐《じゅっかい》する。

「私たち教員はこれまで創立者から『中世の大学は、学生が運営したんだ』と何度も教わりました。『ボローニャでは学生が教師に直接給料《ちょくせつきゅうりょう》を払ったんだ。授業に学生が集まらない教師は給料をもらえなかったんだ。勝手に授業を休むなんて学生が許さなかった。今の先生方はいいね』と。

二〇一〇年の入学式では創立者の提案で、壇上《だんじょう》の教員が全員立ち上がり、新入生に尊敬を込めて深くお辞儀《じぎ》をしました。大事なのは、私たちがこの精神を忘れないことであり、学生の皆さんもまた、創立者の思想を自ら学び、思索《しさく》して、行動することです。

『学生第一』の理念を、さらに、どうやって大学運営に具体的に組み込むか。創立六十年目の二〇三〇年に向けて議論を重ねています」

池田と大熊の対話から浮かび上がった課題を、今も創大の首脳陣《しゅのうじん》は共有し続けている。

かつて池田は一期生の代表に〈創大千期生まで／宜《よろ》しく頼みます〉と綴り、贈ったことがある。池田から託《たく》された希望を、目に見える形にし続けるために、半世紀を経《へ》た今も試行錯誤《しこうさくご》と挑戦が続く。

壇上で振る舞った
コップ一杯の水

大熊信行が初めて創価学会を知ったのは、国鉄（当時）の品川駅だった。団体専用列車《だんたいせんようれっしゃ》に向かう老若男女《ろうにゃくなんにょ》をきびきびと誘導《ゆうどう》する男子部の姿に目を見張《みは》った。

創価大学・創価女子短期大学の新入生らとともに創大学生歌を歌う池田（2010年4月）©Seikyo Shimbun

その時はまだ、初代会長の牧口常三郎が獄《ごく》死《し》したことも、牧口が獄中で書いた尋問調《じんもんちょう》書《しょ》に、現代は〈末法《まっぽう》の悪・国家悪時代〉である、と記《しる》したことも知らなかった。

池田は一九九四年（平成六年）の十一月十八日——創価学会の創立記念日——を選び、この牧口の獄中闘争をもとに、大熊が突きつめた「国家悪」の本質を語っている（前掲全集第八十五巻、以下同）。

「〝今は、国家そのものが悪になっている時代である〟

これが牧口先生の認識《にんしき》であった。身をもって国家悪と戦い、権力悪と戦い、指導者悪と戦われた牧口先生の実感でもあったであろう。これは、日本の思想史でも先見的《せんけんてき》なものである。

戦後になって、国家主義への反省から、

『国家悪』を論じる人が出てきた」

「戸田先生も『国家悪』を、身をもって体験された。

戸田先生の『地球民族主義《ちきゅうみんぞくしゅぎ》』の提唱は、仏法の根本精神から出ていることは当然として、先生の二年間の獄中闘争が、その背景にあった。

『国家のため』という美名《びめい》のもとに、どれほど多くの民衆が犠牲《ぎせい》になったことか。『人間のための国家』ではなく、完全に『国家のための人間』であった。

牧口先生、戸田先生の、『国家悪』への弾劾《だんがい》は、断じて、評論家風《ひょうろんかふう》の思いつきや、流行に乗った議論ではなかった。

一身《いっしん》を賭《と》して国家悪と戦われた、捨て身の体験から出た結晶《けっしょう》であった。

国家悪に苦しめられきった全民衆の絶叫《ぜっきょう》を代弁《だいべん》した叫びであった。その叫びを全身に体して、今も戦い続けているのがわが創価学会なのである」

*

「『国家が主《しゅ》、人間は従《じゅう》』という古き思想を百八十度転換して、『人間が主、国家は従』の社会を実現する運動である。

ゆえに国家の悪から迫害《はくがい》されるのである。

ゆえに世界に、この道は広がったのである。

……現在のＳＧＩ（創価学会インタナショナル）の世界的広がりの原点には、歴代会長による、この『国家悪との死闘《しとう》』があることを知っていただきたい」

「大熊氏は戦後、日本人という『反省なき民族』に警鐘《けいしょう》を鳴らしながら、『戦争責任』への思索を深められた。そして、結論として『国家的人間から世界的人間への出発』をしなければならないとされた。

　その名も『国家悪』と題する論文は、こう結ばれている。

『（中略）われわれは世界的人間としての道を——国家のために死ぬる道ではなくて、国家によって殺されるかもしれない人間の道を、過去にも未来にも、尋ねてゆくよりほかはない』」

「氏は主張する。本当の『ヒューマニズム』を貫くならば、必ず国家の『我欲《がよく》と暴力』という悪にぶつかる、と。

　国家に迫害されないのは、真のヒューマニストではない、世界的人間ではない、と。

迫害されようとも、恐れることなく進んでこそ、人間は『人間』になる。動物ではなくなる。

『国家によって殺されるかもしれない人間の道』。そこに新しき時代の光はある。私は、それを探している、と。

　氏の誠実《せいじつ》な思索は、『国家によって殺された』牧口先生を源流とする創価の道にたどり着かれた。

　晩年は、草創の創価大学で教鞭《きょうべん》をとられた。学生を愛し、学生からも愛された」

　創大が開学して二年目の秋、池田は「国家悪」の極《きわ》みである戦争に翻弄《ほんろう》された自らの青春をふりかえり、創大生に「諸君を犠牲にしたくない」と訴え、そこに大学をつくった理由もあることを語っている。

＊

創大の第五回入学式（一九七五年四月）――その場に参加した学生たちの記憶に強く残る出来事があった。八十二歳の大熊信行が、教員を代表して祝辞《しゅくじ》を述べた。

――諸君は創立者のことをまったくわかっていません。明治、大正、昭和を通じて、日本にこれほどの国際的な偉人《いじん》がいたか！――

それは大熊がふだんから話していた内容だった。

「諸君は、口では、いつも創立者、創立者と言っているが、創立者の偉大さを、ちっとも、わかっていない。まったく、わかっていないのです。

私が見るところ、創価大学の人もわかっていないようだ。日本人は、全然、わかっていません。日本で、わかっている人は一人だけです。――それは私です」（前掲全集八十五巻）

こうした心情を大熊は、授業やゼミで、またキャンパス内の喫茶《きっさ》ロンドンでの懇談や課外講《かがいこう》座《ざ》に集まった学生たちに繰り返し、「ですから、もっと真剣に学んでほしいのです」と願った。

――大熊の祝辞の途中で、池田が立ち上がった。背筋《せすじ》を伸ばして語る大熊に歩み寄り、演台《えんだい》の水差しからコップに水をなみなみと注《そそ》ぐ。そして大熊の口元にコップを運び、背中をさすった。

創価大学の第5回入学式。池田の挨拶に先立ち、大熊信行が祝辞を述べた。式典に招かれ、壇上での池田と大熊のやりとりを目の当たりにしたある学者は、「創立者中心に実にフランクで、最後までさわやかに進められているのには驚きました。〝人間教育の最高学府たれ〟という建学精神を見た思いです」と語った（1975年4月）©Seikyo Shimbun

大熊は一気に水を飲み干《ほ》した。「創立者は、年寄りに〝冷《ひ》や水《みず》〟をごちそうしてくださった」と言い、緊張していた新入生たちから笑い声があがった。「しかし、この〝冷や水〟には、〝温かい心〟が十分に含《ふく》まれております」。大熊が続けた一言に、場内は沸《わ》き、大きな拍手に包まれた。

建学期の人間の条件

この第五回入学式は、一期生が卒業し、初めて創大生が社会に巣立《すだ》った後の〝晴れの日〟であり、大きな節目《ふしめ》だった。

しかし池田はこの時期、「歴史も浅い。伝統も浅い」と、創価教育のスタッフたちに厳しい話をしている。キャンパス内で行われた懇談で、池田は「建学期の人間の条件」を語った。

「文句を言ったり批判する人は多いが、何を言われようとも、自分たちの砦《とりで》を自分たちの手で守り支え、そうすることを心から楽しんでいく人というのは、世間広《せけんひろ》しといえども、意外と少ないものなのだよ」

「何十年、何百年の伝統をもつ大学からすれば、創価大学はまだ子どもである。開学して四年。期待され、注目されてはいるものの、二十一世紀の大学という長期の展望に立てば、今はまだ死にものぐるいになって働き、建設していかねばならない段階《だんかい》である」

「自分の収入のみを守ることを目的とした惰弱《だじゃく》な人間にだけはなるな」

「建学の精神から申し上げれば、私は『遠大《えんだい》な目的遂行《すいこう》のための犠牲《ぎせい》になれ』とあえて強調しておきたい。そのぐらいの信念もなく、自分さえよければいいという保守的な根性で、なんで純粋《じゅんすい》な学生を守りぬけるか」

「ともかく、主張する権利というものは、誰のものでも平等に、大切にしたい。しかし、建設の途上《とじょう》にあって、他を犠牲にしてまで自分の権利のみを主張する姿ほど、いやしく見えるものはない。それこそ三流の生き方だ。そういう陰険《いんけん》な人間の、心の中の鉄板に刻印《こくいん》された傷というものは、永遠に消えるものではない。仏法は、その因果《いんが》を解明《かいめい》しているがゆえに偉大なんだよ」

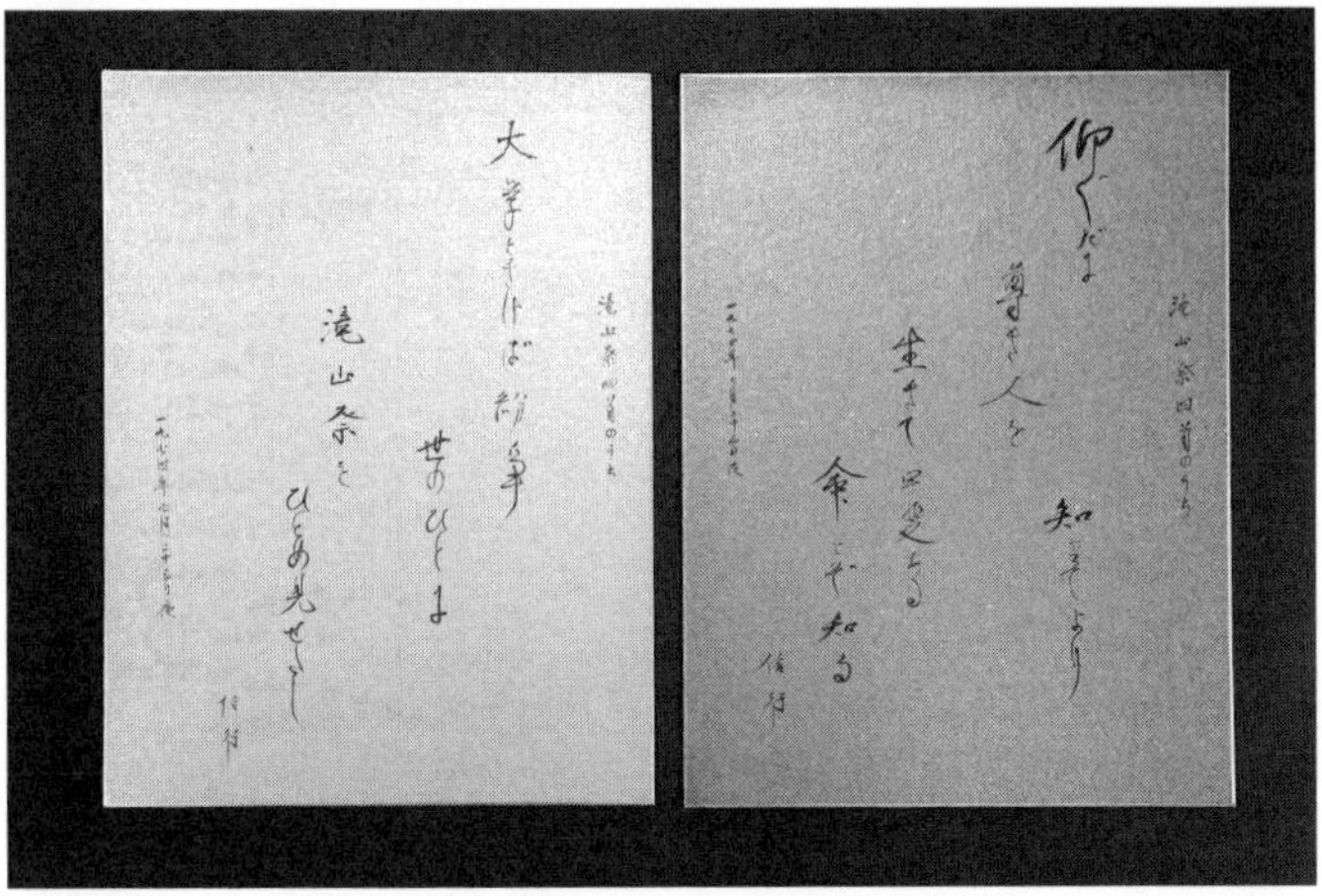

大熊信行が、「滝山祭」を見た感動を詠んだ和歌を認（したた）めた色紙（創価大学 池田大作記念創価教育研究所所蔵）。「仰ぐだに　尊き人を知りてより　生きて甲斐ある　命とぞ知る」（右）。大熊はこの一首を推敲（すいこう）し、自著『生命再生産の理論　人間中心の思想』の下巻に掲載した ©Seikyo Shimbun

＊

ある夏の夜、池田は学生たちに、大熊が詠《よ》んだ和歌を紹介している（一九七四年六月、第三回滝山祭の後夜祭）。

〈頰《ほお》につたう　涙ぬぐわず　後夜《こうや》祭
おどる五千を見守る　われは〉
〈大学ときけば紛争　世の人に
滝山祭を　ひとめ見せたし〉

大学紛争の嵐を経て、誕生した創価大学。一教授として、その建設に携わり、実相《じっそう》を見つめてきた大熊の、率直な思いが込められていた。

じつはこの日の夜、大熊は四首の和歌を詠んでいた。池田が紹介したのは、そのうちの二首だった。

第三回滝山祭の六カ月後——大熊は、自らの学問の集大成《しゅうたいせい》となる本を世に問うた。『生命再生産《せいめいさいせいさん》の理論　人間中心の思想』（東洋経済新報社）。上下二巻の大著《たいちょ》である。

大熊は、その上巻に、

〈わが創価大学の創立者
池田大作先生に謹《つつし》んで献《けん》ず〉

と記した。

そして下巻に、一首の和歌を載《の》せている。それは、滝山祭の後夜祭で池田が紹介しなかった、二首のうちの一首だった。

一九七四年滝山祭
あおぐだに
尊きひとと
われ知るや
生きてかいある
命とぞおもう

——尊敬するあなたと出会えた。わが命には、生きるかいがあった——

創価大学で開かれた第3回「滝山祭」の後夜祭に出席した創立者の池田。創大生を温かく見守り「社会のため、世のため、生涯、私とともに人間勝利の軌道を着実に歩んでいってほしい」と語った（1974年6月、東京・八王子市）
©Seikyo Shimbun

齢《よわい》八十を過ぎた大熊が綴った、感謝の一首である。

大熊は亡くなる数日前まで、創大で経済学の授業を続けた。その少し前に、寮生たちに学生生活の改善を訴えた遺言テープも残している。

経済学者で一橋大学名誉教授だった板垣與一《いたがきよいち》は、「創価大学新聞」の追悼《ついとう》座談会で、大熊を偲《しの》び「我々教師に対しても、すばらしい教師であった」と語っている（一九七七年十一月五日付）。

創大での最後の授業の翌日、「サンケイ新聞」に書いた書評が絶筆《ぜっぴつ》になった。取り上げた本は、池田と作家・井上靖《やすし》の往復書簡《おうふくしょかん》『四季の雁書《がんしょ》』だった。

そのなかで、近々《ちかぢか》『平和主義者としての池田大作』という本を出すつもりだ、と記している。この本が日の目を見ることはなかった。

＊

大熊信行は、自分に日蓮仏法《にちれんぶっぽう》について論じる資格はない、と断《ことわ》った上で、池田についてこう綴っている（前掲『人間革命の記録』）。

〈わたしに眼を見張る思いをさせるもの。――それはおそらく主として読書によるものと思われる教養の幅の広さと、その深さである。わたし自身、年もいっているので、幅は狭《せま》いほうだとは思わないけれども、やはり読んでいて時々、「かなわないなあ」と思うのは、その知的、精神的な視野の広さ、そして知能におけるバランスの高さといったものである〉

また、海外の識者との対談にも期待を寄せた。

〈……あらためて注目したいと思うのは、この人はその地位と肩書《かたがき》にものをいわせているのではないということ。いわんや創価学会員の男女会員だけを相手としているわけではないということ。それどころか、さきにヨーロッパ連合の思想上の父クーデンホーフ・カレルギー伯との対談が一巻となり、つづいてイギリスの史家A・トインビー博士との四日間にわたる対談が、一九七三年には数巻の書となって、世界に問われようとしている。

――明治以来、国際的にその名を知られるにいたったわが国の学者、思想家、美術家、芸能人、そして文学者は、必ずしも数において少《すくな》いとはいえない。しかし現に生きていて、むこうの第一線の学者、思想家と斬《き》り結《むす》ぶなどというのは、ほとんど日本の思想史上、前例を見なか

ったこと〉

さらに〈わたしが、現に創価学会そのものを守りぬこうとするのは、それが事実として日本最大の平和主義団体であるという、一点に懸《か》かっている〉と綴る。

老碩学《ろうせきがく》に「かなわない」と思わせた池田の「知的、精神的な視野の広さ」。その源の一つは、恩師である戸田城聖が、最晩年まで厳しく続けた「読書による訓練《くんれん》」にあった。

第7章 占領下《せんりょうか》に灯《とも》した核廃絶《かくはいぜつ》の炎——少年雑誌①

一九七五年（昭和五十年）十一月八日——。
広島の平和記念公園を訪れた池田大作は、原爆慰霊碑《げんばくいれいひ》の前で合掌《がっしょう》した。
この日、創価学会を代表して献花《けんか》のための花輪を運んだ、
被爆《ひばく》二世の青年たちがいた。
原爆症による死の恐怖と向き合う若者を、支え励まし続けた池田。
〝生き抜くことが、私の平和運動〟と
心を定めた人たちとの知られざるドラマ、
さらに日本の敗戦後のＧＨＱ（連合国軍総司令部）検閲《けんえつ》下における
師弟の言論の闘いに迫る。

松原康子は二十代の五年間、創価学会の高等部（高校生のグループ）を担当し、広島県内を駆《か》け回った。広島を大きく二つに分けたうちの、片方の女子高等部長だった。

東京で行われる大きな会合に、福山市から何度も参加した。一万人を超える参加者たちを前にして、まるで一人ひとりと懇談《こんだん》するように語り、扇《おうぎ》を手に学会歌の指揮《しき》を執《と》る池田大作の姿が目に焼きついた。

「生き抜くことが、私の平和運動」

昭和四十年代である。まだ学会の会館に衛星中継《えいせいちゅうけい》もなければ、インターネットの動画配信《どうがはいしん》など、影も形もない。担当している広島の子どもたちに、池田の折々の話を伝え、一緒に祈りながら、さまざまな相談に乗った。

「悠々《ゆうゆう》と舞《まい》を舞うような先生の指揮を思い出しては、気持ちを奮《ふる》い起こして、自分自身の病気と闘《たたか》いました」。そう振り返る。

＊

小学生のころから、ひどい貧血《ひんけつ》に悩まされた。鼻血が出ると、なかなか止まらない。中学生になると、手や足に赤い斑点《はんてん》がにじんでは消えるようになった。いつも体育の授業が憂鬱《ゆううつ》だった。

原爆の爆心地から南東約2.3キロの広島地方専売局（皆実町）の前で、罹災証明書を書く警察官（1945年8月6日）。中国新聞の写真部員だった松重美人が被爆当日に撮った、5枚の写真のうちの1枚である　©松重美人氏撮影／写真原版・中国新聞社所有・日本写真保存センター所蔵

「世間では『被爆《ひばく》二世』のことが問題になり始めていました。でも両親には聞けないなと感じて、一人で悩んでいました」（松原康子）

父も、母も、原爆《げんばく》手帳《てちょう》（被爆者健康手帳）を持っていた。家の中では四六時中《しろくじちゅう》、ミシンの音が聞こえた。母の占部《うらべ》サナエが内職で家計を支えていた。幼稚園の園児の服も、大人の服も縫《ぬ》った。大量の布《ぬの》地《じ》を積み上げ、夜中の二時、三時までミシンを踏《ふ》むこともざらにあった。

父の喜代一《きよいち》は口癖《くちぐせ》のように「体がだるい」と言った。とりわけ夏になると、布団《ふとん》から起き上がれない。

寝込んでしまう前は、警察官として働いていた。「父は世羅郡《せらぐん》で巡査《じゅんさ》をしていましたが、原爆が落ちた三日後、応援で広島市の本川町《ほんかわちょう》に入り、罹災《りさい》証明書を発行しました」（松原康子）。

喜代一はこの時に広島市内で見たことを、ほとんど人に話さなかった。

「父は『たくさんの生き残った人たちがそこにいた、という証《あか》しをつくらないといけないから、証明書を書いてあげるのに必死だった』と言っていました。あとは『原爆は、ひどい。言葉に言い表せない』と。父が話したのはそれくらいです。母も、原爆で行方《ゆくえ》不明になったお兄さんを捜《さが》して世羅から広島市内に入りましたが、幸《さいわ》い、（原爆症《げんばくしょう》の）症状は出ませんでした」（松原康子）

広島でも、長崎でも、原爆が投下された「その時」だけでなく、一週間、二週間経《た》ってから被爆地に足を踏み入れた人でも、放射能の影響を受けた数多くの人々がいた。

「入市《にゅうし》被爆《ひばく》」である。

すぐに発症する人もいれば、何年も経ってから、血液のがんである白血病をはじめ、さまざまな病《やまい》に苦しめられる人もいた。さらに、周《まわ》りからの心ない、いわれのない差別が追い打ちをかけた。

喜代一とサナエの間に康子が生まれたのは、一九四六年（昭和二十一年）七月。アメリカによる原爆投下から十一カ月後のことだった。

〝戦争〟は、戦後も続いた。

「生き抜くことが、私の平和運動」と心を定めた人々。彼らと歩み、励まし続けてきた池田。

その青春の原点の日々を辿《たど》る。

「負けてはダメよ！」

康子の家族は、父の喜代一を襲《おそ》った原爆症がきっかけで、創価学会にめぐりあった。

一九五七年（昭和三十二年）の十一月に入会。翌年には喜代一の体調がよくなり、夏でも布団をあげられるようになった。サナエはわが事のように喜んだが、四人の子たちを育てる苦労は続いた。

「母は一切愚痴《ぐち》を言わない人でしたが、夜中にふと目が覚めると、母が部屋の明かりを消したまま御本尊《ごほんぞん》の前に座って、泣きながら題目をあげていることがありました」（松原康子）

嘆《なげ》く時間があれば、祈る。その姿勢を母から学んだ。康子は高校を卒業し、福山駅前の百貨店で働いた。初めての給料で御書《ごしょ》（日蓮《にちれん》の遺文集《いぶんしゅう》）を買い、女子部の活動に励んだ。しかし、働き始めて三年ほど経った冬、体に大きな異変が起きた。体中に赤い斑点《はんてん》が浮き出たのだ。

父の喜代一が通っていた病院で、「間違いなく紫斑病《しはんびょう》です」と告《つ》げられた。一九七〇年（昭和四十五年）の二月。「言論出版問題」で、創価学会が大きな逆風にさらされている時期だった。

「医者からは『お父さん、お母さんの原爆の関係で、あんたはこういう病気をもろうとるんじゃないんかねえ』と言われました。予想はしていましたが、全身の力《ちから》がスーッと抜けて、目の前が真っ暗になりました。

父の体がようやく回復した矢先です。とにかく、あの手足にできる斑点がものすごく怖《こわ》かった。でも、私より両親のほうがショックが大きかったと思います」と語る。

喜代一もサナエも、被爆の恐ろしさをその身で知り尽くしていた。無事に治るのか。他の後《こう》遺症《いしょう》はないのか。「題目をあげる以外にない」。ふりしぼるように口にするのが精一杯《せいいっぱい》だった。

康子は姉のように慕《した》っていた女子部の先輩に打ち明けた。

「お父さんの原爆症を、あなたの代《だい》で断ち切るのよ」「決して宿命から目を逸《そ》らしてはいけない」「負けてはダメよ！」

先輩たちの励ましに支えられて、毎日の祈りにいっそう力を込めた。

＊

舌が内出血《ないしゅっけつ》して、思うように動かせない日もあった。同世代の被爆二世が自《みずか》ら命を絶《た》った、というニュースを知った時は「血の凍《こお》るような恐怖《きょうふ》」を感じた。

絶望《ぜつぼう》と闘い続けていたある日、ひもといた御書の一節が目に飛び込んできた。

〈命限《いのちかぎ》り有《あ》り、惜《お》しむべからず。
ついに願うべきは仏国《ぶっこく》なり〉

（御書九五五㌻、新一二八三㌻、富木入道殿《ときにゅうどうどの》御返事）

時の幕府《ばくふ》の弾圧《だんあつ》による「竜《たつ》の口《くち》の法難《ほうなん》」——斬首《ざんしゅ》の危機を乗り越えた日蓮が、流罪地《るざいち》の佐渡《さど》で迎える初めての冬、迫害《はくがい》の真《ま》っただ中で綴《つづ》った決意である。

康子は「小学生の時から、会合で学会の生命論は聞いていました。生命は永遠であること。今世《こんぜ》の振る舞いが、業《ごう》として来世《らいせ》につながること。どれも衝撃的《しょうげきてき》でした。そしてこの一節を知った時、死への恐怖の半面、生きているうちに一切のことをやり遂《と》げておきたい、という気持ちが突き上げてきました」と語る。

足の斑点を隠すためにカラーのストッキングを穿《は》いた。百貨店の仕事が終わると、女子高等部の担当者として活動に歩いた。「疲れて動けない時は、高等部員の顔を一人ずつ思い浮かべて手紙を二通、三通と書くこともありました。ペンを握る力もない時は、『もうこれが最後の手紙になるかもしれない』と思って、気力をふりしぼって書きました」。

秋に精密検査《せいみつけんさ》を受けることになった。康子は被爆二世であることを周囲にほとんど話したことはなかった。「迷惑《めいわく》をかけたくない」という思いが強かったという。

しかし、思いがけない話を聞いた。「福山の高等部員たちが、私の全快を祈って題目を送ってくれていたんです。それぞれの大切な時間を割《さ》いて。申し訳なさとうれしさで、胸が張り裂《さ》けそうになりました」。

その子たちは「私たちが題目をあげていることを聞けば、きっと康子さんは心配する。だから康子さんには黙《だま》っていてほしい」とも言っていた。のちに康子は、中国方面の青年部総会でこの時の思いを語っている。

――なんら自分に責任のない、こんな病苦《びょうく》に泣く私を、いったい誰が責任をもってみてくれるのか。誰が私の人生を明るくしてくれるのか。同志の温かい思いやりと、この仏法と、人生の師匠なくして、私の将来は決してない。私は泣けて泣けてしかたありませんでした――

それまでにない、真剣な唱題《しょうだい》が続いた。不思議なことに、検査の日までに体の斑点は消えていった。

「血小板《けっしょうばん》が少し減っているだけで、斑点もほとんどなく、他は異常なし」――結果が出た後、高等部員たちに礼状《れいじょう》を書いて送った。しばらくして、高等部の会合で回復を報告した。皆に感謝の気持ちを伝えた時、康子は会合の最中に初めて涙をこぼした。

師の祈りに触れて

それから二年後の一九七五年（昭和五十年）秋、池田は広島平和記念公園の原爆慰霊碑《いれいひ》を訪

作家の井上靖と対談する池田。日本の伝統美や中国との友好の在り方など、活発な意見交換は３時間半にわたった（1975年3月、東京・新宿区）
©Seikyo Shimbun

れた。被爆二世の学会員を代表し、女子部の康子と男子部の山下義宣《よしのり》が、献花《けんか》のための大きな花輪を運ぶことになった。

その時のことを、池田は『天平《てんぴょう》の甍《いらか》』『蒼《あお》き狼《おおかみ》』など数々の名作で知られる作家・井上靖《やすし》との往復書簡《おうふくしょかん》『四季の雁書《がんしょ》』でくわしく触れている。

よく晴れた日だった。広島市長の荒木武らが池田を案内した。

〈原爆慰霊碑への献花の際、花束を持ってくれた二人の青年は、いわゆる被爆二世でした。彼らは、あの廃墟《はいきょ》のなかで生まれました。おそらく、勢《いきお》いのいい、そして初々《ういうい》しい声をあげていたにちがいありません。

それはいかなる世の悲惨《ひさん》にもめげずに芽《め》ぶいた新しい生命の誕生であったと同時に、その小さな生命に、原爆の痕跡《こんせき》は否応《いやおう》なく捺《お》さ

れざるを得なかったのでした〉（『池田大作全集』第十七巻）

池田は井上宛《あて》の書簡で、被爆二世の二人の青年――Y君とUさん――の半生を綴《つづ》った。

Y君――山下義宣は中学二年生の時、原因もわからず体がだるくなった。首に腫瘍《しゅよう》ができて手術し、一年ほど休学に。母親は「お母ちゃんがあの原爆の黒い雨でリンゴを洗って食べたのがいけんのかねえ」と言い、号泣した（単行本『民衆こそ王者』第一巻で詳述）。

その母を亡くし、祖母を亡くし、荒れ果てた青春を送ったが、創価学会とめぐりあう。やがて学会が総力をあげて取り組んだ「反戦出版《はんせんしゅっぱん》」の広島の編集責任者になり、自らも手記を書いた。

「『四季の雁書』に出てくるUさんは、私なんですよ」と松原康子は微笑《ほほえ》む（「U」は旧姓の「占部」のイニシャル）。

池田は綴っている。

〈……（Uさんは）ついには注射針《ちゅうしゃばり》を刺すだけで血管が破れるようになり、全身が紫色の痣《あざ》に覆《おお》われるようになったといいます。夜、眠りに就《つ》く時、このまま眠ってしまって、果たして明日の朝は、目が覚めるだろうか、今日という日が最後になるのではなかろうか、という思いが離《はな》れることがなかった――と彼女は言いました〉

＊

二人とも、それぞれの闘病を経《へ》て、創価学会の仲間に支えられ、この日を迎えた。康子は

「献花の時に、池田先生が題目三唱をされた姿が忘れられない」と述懐《じゅっかい》する。

「私と山下さんが花輪を慰霊碑に捧《ささ》げて、左右に分かれると、池田先生が慰霊碑の前に立たれました。車の音も、小鳥の声も聞こえませんでした。『南無妙法蓮華経《なんみょうほうれんげきょう》』という先生の声が三回、公園に響《ひび》いたことをよく覚えています。

題目三唱の後、くるっと振り向かれた時の表情を、私は忘れることができません。紅潮《こうちょう》した、とても厳しいお顔で、怖いくらいでした」

池田の全身から感じる気迫に、康子は思わず後《あと》ずさりしたほどだった。

池田はこの時、自らが被爆者でもある広島市長の荒木武に「私は、平和への闘争なくして、広島を訪ねることはできないと思っています」と語ったことを小説『新・人間革命』に記《しる》している（第二十二巻「命宝」の章）。

「ものすごい祈りを込められた題目だったのでしょう。原爆で亡くなったたくさんの人たちが、先生の題目を聞いたのでしょうね。そう感じました。すごかったんです、本当に。あの瞬間《しゅんかん》のことを思い出すと、どうしても涙が出てきて……」

嗚咽《おえつ》をこらえて、康子は続けた。

「先生は私に『ありがとう。体、大丈夫？』と声をかけて、握手《あくしゅ》されました。あれほど厳しかった表情と、ふわふわのやわらかい手と、そのコントラストも印象的でした。

宝物の時間、という言葉では表現できませんね。言葉では表せない大事な時間でした。あれで自分自身が生まれ変わったような気がしたくらいです」

＊

康子は紫斑病で苦しんだ時、私は結婚できない、と思い詰《つ》めた。それでも一度、お見合いをした。素敵《すてき》な人だった。話が進みかけた時、彼の姉から電話があった。

「ものすごい剣幕《けんまく》で『うちの家は、あんたのような者を家族に入れられん。縁組《えんぐ》みはできん。あきらめてください』と。具合が悪くなるくらいショックでした。あれで、私は被爆二世だから、生涯独身《しょうがいどくしん》でいくんだとあきらめたんですよね」

しばらくして、もう一度、縁談《えんだん》が舞い込んだ。今度の相手は、大学で英語を教えているという。お見合いが済み、相手の松原光彦《てるひこ》から手紙が届いた。「私と結婚してください」と書いてあった。康子はびっくりしてすぐに電話した。その時、光彦が言ってくれた言葉を、康子は今も大切にしている。

——お見合いの日、君のお母さんと会って、この方が育てた人なら、大丈夫だと感じました。そのあと、君と二人で広島市内を歩いた時、ぼくは一生涯、この人を連《つ》れて歩こうと決めました——

康子から結婚の報告を受けた池田は、大きな写真アルバムにブルーの万年筆で〈幸薫《さちかお》れ　康子桜は　松原城にと〉と記し、二人に贈った。

池田は『四季の雁書』で、康子が反戦出版『広島のこころ　二十九年』（第三文明社）に寄

原爆慰霊碑に向かい、被爆者の冥福を祈る池田（1975年11月）。のちに池田は「私が痛切に感ずるのは、この民族的、あるいは人類的体験を、たんなる過去の歴史事実として留めるのではなく、あくまで未来への指標として生かしていかねばならないということです」と綴っている ©Seikyo Shimbun

せた手記を紹介している。

あなたにとって平和運動とは何か。そう尋《たず》ねられたら、こう答える、と康子は綴った。

〈……自分という人間が、この世の中で最も人間らしい人間としてせいいっぱい生き抜いたという証《あかし》を、日々刻《きざ》みつけていくことです〉

康子は今、廿日市《はつかいち》市で創価学会女性部の副本部長として元気に活躍している。

原爆慰霊碑に献花した翌日――その年の学会の本部総会が、広島県立体育館で行われた。世界二十四カ国から四〇〇〇人の学会員の代表、七〇〇〇人の来賓《らいひん》を迎えての総会だった。

池田の講演は一時間二十分に及んだ。核兵器の「製造《せいぞう》、実験、貯蔵《ちよぞう》、使用の禁止」「民間レベルの研究・討議《とうぎ》の推進」「『核の平和利用』への厳重監視《げんじゆうかんし》」などを提言した。日本は「経済大国」よりも「文化立国」を目指せ、とも語った。

一万人を超える参加者の前で、核廃絶《かくはいぜつ》について訴えた時の心境を、池田は井上靖に宛てて綴っている。

〈……総会での拙《つたな》い講演のなかで、私は核問題について若干《じやつかん》の具体的な提言を試《こころ》みましたが、私の眼底《がんてい》には終始《しゆうし》、前日会った二人の青年の姿がありました〉

「原子爆弾だけは許《ゆる》せんぞ、おれは決めているのだよ」

広島で行われた創価学会の本部総会でスピーチする池田。総会に参加したある大学教授は「私も原爆の生き残りなのです。今日は本当に感動しました。終生忘れ得ぬ一日ともなりました」と語り、池田の手を固く握りしめた（1975年11月）
©Seikyo Shimbun

　創価学会の核廃絶への取り組みは、池田の恩師である戸田城聖《じょうせい》（創価学会第二代会長）の「原水《げんすい》爆《ばく》禁止宣言」が出発点である（一九五七年九月八日、神奈川で発表）。

　戸田が核兵器に言及したのは、この宣言の前に、少なくとも六度ある。

　一九五五年（昭和三十年）十月、大阪の堺《さかい》支部総会――「原子爆弾は降《ふ》らしてはならないと思うのです」。

　翌五六年（同三十一年）六月、福岡県八幡《やはた》市（当時）で――「原爆などを使う人間は最大の悪人だ」。

　翌月、「週刊朝日」の取材――「わしのこわいのは原子爆弾だ。ロシアにもアメリカにも、これを絶対落《おと》させないというのが、わしの考え」。

五七年（同三十二年）七月、神山茂夫（社会活動家）との対談――「原子爆弾だけは許せんぞ、おれは決めているのだよ。アメリカでも、ロシアでも、どっちであってもそういうことは断じて許さん」。

同月、佐木秋夫（宗教学者）による取材――「それ（原爆）は禁止しなければなりません。あんなものはいらん」。

翌月、徳川夢声《むせい》（俳優、文筆家）との対談――「実験禁止運動だなんて、そんななまやさしいことを考えていないんです。戦争には絶対につかわせない。……それじゃあ実験はしてもいいのかというと、そんなバカなことはいいません。絶対に落させないというんだから、その前提である実験をみとめるわけはない」。

そしてこの翌月、「原水爆禁止宣言」に至る。

「……核あるいは原子爆弾の実験禁止運動が、今、世界に起こっているが、私は、その奥に隠《かく》されているところの爪《つめ》をもぎ取りたいと思う。

それは、もし原水爆を、いずこの国であろうと、それが勝っても負けても、それを使用したものは、ことごとく死刑にすべきであるということを主張するものであります」

池田はこの宣言について〈原水爆の使用を正当化しようとする人間の心を、打ち砕《くだ》こうとしたのである。いわば、生命の魔性《ましょう》への「死刑宣告」《せんこく》ともいえよう〉と述べている（小説『人間革命』第十二巻「宣言」の章）。
戸田は、敗戦後間もないころからこうした強い思いを持っていた。そのことを裏付《うらづ》けるような、若き日の池田が知恵を尽くした跡《あと》が残っている。

かつて「少年日本」という子ども向けの月刊誌があった。その一九四九年（昭和二十四年）十一月号に、「原子野《げんしの》の花」という短い小説が載《の》った（作＝秋永芳郎、絵＝佐藤泰治）。アメリカ軍が広島に落とした原子爆弾の悲劇を真正面《ましょうめん》から描いた作品である。

雑誌の編集長は二十一歳の池田だった。この年の正月から、池田は戸田の出版社、日本正《しょう》学館《がっかん》で働いていた。

五月ごろから「冒険少年」という雑誌を任され、やがてタイトルを「少年日本」に改《あらた》める。太平洋戦争に敗《やぶ》れて四年。日本社会は、いまだＧＨＱ（連合国軍総司令部）による検閲《けんえつ》が続いていた。

＊

〈十月号から、『冒険少年』を『少年日本』と改題して、二十一歳の若き編集長は張り切った。戸田の指導、叱咤《しった》は、このころから、にわかに厳しくなってきた。伸一は、毎日、叱《しか》られていた……〉

池田は小説『人間革命』で、当時の意気込《いきご》みを生き生きと記している（第四巻「波紋」の章。伸一は池田をモデルとする人物）。

池田が編集長を務めた月刊誌「冒険少年」と「少年日本」。「少年日本」（1949年11月号）には原爆投下後の広島を描いた「原子野の花」が掲載された。「冒険少年」は〝冒少（ぼうしょう）〟、「少年日本」は〝少日（しょうにち）〟の愛称で全国の読者に親しまれた ©Seikyo Shimbun

〈伸一は、この少年雑誌に誇りをいだいていた。仕事に没頭《ぼっとう》するにつれて、目にする多くの少年少女が、かわいく思えて仕方がなかったのである。

元気に路上を走って来る子どもたち、公園でふざけている子どもたち、喧嘩《けんか》して泣いている子どもたち、教室で鉛筆《えんぴつ》をなめなめ勉強している子どもたち――彼は、時に彼らを抱《だ》き締《し》めてやりたい思いに駆られることも、しばしばであった。

若き編集長は、彼らのためなら、どんなことでもしてやろうとさえ思ったのである〉

その「少年日本」に載った「原子野の花」。主人公は広島市内の国民学校に通う男の子、貫《かん》二《じ》と幹夫《みきお》である。

二人は学童疎開《がくどうそかい》していた。貫二は、ある事件がきっかけで黒田先生に厳しく叱られ、疎開先の寺を飛び出してしまう。

貫二と仲良しの幹夫は、黒田先生に頼まれ、貫二を捜《さが》すために電車で広島市内に向かった。〈その日こそ、昭和二十年の、あの試練《しれん》の日、八月六日であった。幹夫が廣島《ひろしま》駅についたのは、午前七時五十分であった〉

貫二は、叱られた悔《くや》しさと悲しさを抱えながら、幹夫は親友の行方に心を痛めながら、久しぶりにわが家に戻った。アメリカ軍が彼らの頭上に原爆を投下したのは、その直後だった。〈幹夫が座敷《ざしき》へ上った瞬間だった。あけはなたれた障子《しょうじ》のむこうを、まっ白い音なき閃光《せんこう》が、さっと走った。眼がつぶれそうに強い光《ひか》りだった〉

幹夫は「お母さん、お母さん!」と叫んだ。とっさに防空壕《ぼうくうごう》へ向かおうとした。〈しかし、その足はパッとすくわれて、大男にえり首をつかまれたように、宙《ちゅう》にあがりどんと投げだされていた。メリメリメリッ!と、家のこわれる音をききながら、幹夫は気を失ってしまった〉。

やさしい母まで殺そうというのか

一九四七年（昭和二十二年）に施行《しこう》された日本国憲法には、「検閲は、これをしてはならない」（第二十一条二項）と明記されている。しかし日本社会は、この憲法と矛盾《むじゅん》する状況が三年近くも続いていた。

GHQは日本を占領《せんりょう》した直後、新聞やラジオなどのメディアを支配するために「プレス・コード」と「ラジオ・コード」を出した。

さらに、GHQの中にCIS（民間諜報《ちょうほう》局）という組織があり、その下にあるCCD（民間検閲局）が、大新聞から子どもの書いたプライベートな手紙まで、ありとあらゆる印刷物、郵送物を検閲した。GHQの占領政策《せいさく》に対する批判がないか、目を光らせ、くまなく取《と》り締《し》まったのである。

東京の水道橋駅に近い日本正学館で、「冒険少年」や「少年日本」を囲み、編集会議を繰り返していた戸田と池田も、紙不足に加え、この検閲に苦労を強《し》いられた。とくに、広島と長崎に落とされた原爆について取り上げるのは、難題《なんだい》だった。

〈検閲で原爆作品が危ないとは、当時の常識だった〉（堀場清子『原爆　表現と検閲』朝日選書）

〈原爆についてのGHQの検閲は徹底していた。日本人の医師や研究者は原爆の人体への影響に関して発表しようとしてもできなかったし、論文や研究の資料はすべて没収《ぼっしゅう》された。個人の被爆体験や原爆について書かれた詩や新聞記事も「公共の安寧《あんねい》を乱す可能性がある」ことを理由に出版されなかった〉（繁沢敦子『原爆と検閲』中公新書）

池田が本部総会で広島を訪れた際、鞄《かばん》に入れていた数冊の本のなかに、広島生まれの詩人、原民喜《はらたみき》の『夏の花』があった。この名作の、もともとの題名は『原子爆弾』だった。しかし、

GHQの検閲を懸念《けねん》し、タイトルを変えた。内容も一部削《けず》らざるを得なかった。

池田はこの『夏の花』を〈かつて若い日に読み、大きな衝撃を受けた〉一冊として挙げている（前掲『四季の雁書』）。その池田自身も、かつて子ども向け雑誌の編集長として、検閲下の〝知恵の戦い〟に身を置いていた。

GHQの検閲《けんえつ》下、師弟で挑んだ言論

『評伝　戸田城聖（下）』（第三文明社）によると、「原子野の花」以前に原爆を扱った児童文学は二つある。

まず、『二十四の瞳《ひとみ》』で知られる壺井栄《つぼいさかえ》が、GHQの検閲が始まる寸前に「石臼《いしうす》の歌」という小説を発表した（「少女倶楽部」一九四五年八・九月合併号）。これは二年後に単行本になったが、「原子爆弾」に触れた部分が削られた。

また、「原子野の花」と同じ一九四九年に連載された若杉慧《わかすぎけい》の「火の女神《めがみ》」にも、「原子爆弾」という言葉が使われている（二月から十月まで「少女」に連載）。

「少年日本」の「原子野の花」は、被爆直後の惨状《さんじょう》を細かく描いた。

爆風で気を失った幹夫は、母とともに奇跡的《きせきてき》に助かった。貫二を捜さなければ！——幹夫は責任感に駆られ、母が止めるのも聞かず、地《じ》獄《ごく》と化した広島の町へ飛び出す。

〈あたりを見ると、顔中をやけどした人、半分ちぎれた手をぶらぶらさせている人、足だけを大きな柱の下敷《したじき》になって、うめきながら助けを求めている人……〉。信じがたい光景のなかには、赤ちゃんの遺体《いたい》を背負ったまま気が触《ふ》れてしまった、若い母親の姿もあった。

いっぽうの貫二は、怪我《けが》をした足をひきずりながら、重傷の母をおぶって、赤十字病院に向かった。

〈「貫二や。お母さんのそばをはなれないで……。お母さんはもうだめだよ」わが子の手をにぎってはなさなかった。

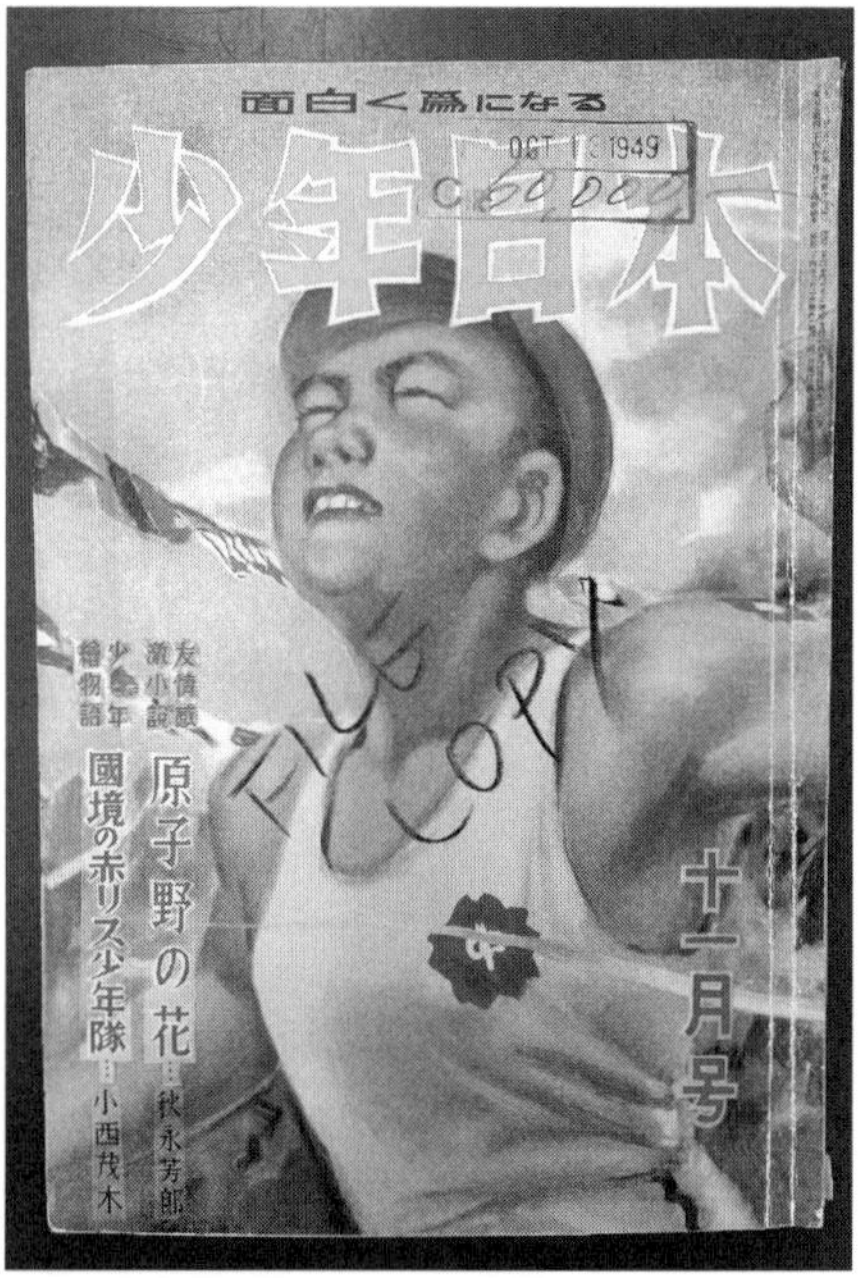

CCD（民間検閲局）により検閲された「少年日本」1949年（昭和24年）11月号。アメリカのメリーランド大学に保管されている。同号の投稿欄には、北から青森、岩手、福島、茨城、神奈川、三重、兵庫、熊本、鹿児島など、日本各地からの声が載っている

メリーランド大学ゴードン W. プランゲ文庫所蔵

「お母さん、そんな気の弱いことをいったって、だめです。けがは大したことはないんですから、きっと助かります」

貫二ははげましたが、あとからはこばれてきた人たちが、吐《は》いたり、出血がひどくて、バタバタ死んでゆくのを見ていると、

——ああ、何故《なぜ》戦争なんかしたんだろう。おれたちは、何故くるしまねばならぬのだ。やさしい母まで、殺そうというのか——。

なにものにか、大きな声でさけんで、のろいたい気持になるのだった〉

1949年10月9日付の「中国新聞」1面に掲載された「少年日本」11月号の広告。池田の筆名「山本伸一郎」も広告の左端に見られる　広島市立中央図書館所蔵

混乱《こんらん》を極《きわ》める病室で、母は貫二の手を握ったまま、息を引き取った。
「今まで笑顔でいたお母さんはもう死んでしまった。なんて戦争は悲惨《ひさん》だろう」（挿絵《さしえ》の説明文から）
幹夫と母は伝馬船《てんません》に乗って天満川《てんまがわ》を渡り、己斐《こい》駅にたどり着いた。そして貫二や黒田先生と再会する。誰かが「ああ、荒野《こうや》。この荒野に、美しい平和の花が咲《さ》くのはいつだろうね」と口にして、物語は終わる。
この「少年日本」は今、ＣＣＤが検閲した膨大《ぼうだい》な資料

群を収めた、アメリカのメリーランド大学「プランゲ文庫」に保管されている。

ＣＣＤは一九四九年（昭和二十四年）十月に閉鎖《へいさ》されるが、この十一月号は十月に出版されており、検閲の対象になった。表紙には検閲済みのスタンプが押され、発行部数が「６０，０００」とメモされている。

表紙の左には「原子野の花」と大きく印刷されており、編集長の池田が、最も子どもたちに読んでほしい企画だったことがうかがえる。

戸田はこの号の新聞広告を、広島の「中国新聞」、長崎の「長崎日日新聞」（当時）をはじめ、全国二十紙に載せた。

「勇気ある出版」

「『原子野の花』を開いた瞬間、焼けた電車の挿絵に気付きました。私の研究の一つでは、個人や集団社会が戦争や災害など非常事態を乗り越え、命を紡《つむ》いでいく上で、『記憶』がもたらす影響を検証しています。

実は、電車は、あの〝原子野〟を逃げ惑《まど》い、親族を捜した被爆者の心に深く刻まれたイメージなのです。

原子野を見た人の視点に寄り添って、この物語を語ろうとする姿勢が表れています」

広島大学平和センターで准教授を務めるファン デル ドゥース瑠璃《るり》は、「原子野の花」を読んだ印象をこう語る（二〇二一年八月四日付「聖教新聞」）。

ファン デル ドゥースが携《たずさ》わる研究は、大量の「言葉」とその「文脈《ぶんみゃく》」を、社会科学、応用言語学、統計学の理論をもとに、ＡＩ（人工知能）などにも使われる技術を用いて細かく分析。その時代の「人々の記憶」や「集団の記憶」がどう変わっていったのかを浮《う》き彫《ぼ》りにする。たとえば、明治から昭和までにつくられた「文部省《もんぶしょう》唱歌《しょうか》」をすべて調べることで、明治時代の「帝国主義」から「軍国主義」へ、そして昭和の「超《ちょう》国家主義」へと、〝歌を通して国家が子どもたちに教えようとしたもの〟が次々と変わっていった事実を明らかにした。

「これ（「原子野の花」）は勇気ある出版だったと思います。広島と長崎への原爆投下は、第二次世界大戦の巨大な負《ふ》の遺産《いさん》ですが、一九五二年（昭和二十七年）の主権回復《しゅけんかいふく》まで報道はタブーでした。

しかし、あえてそれに向き合い、新しいものだけに目を向けるのではなく、過去をしっかり踏《ふ》まえて次の一歩を確実に踏み出す姿勢を、子どもたちに伝えたいという、編集者の大きな決意さえ感じます。

当時、池田編集長は二十一歳で、ご自身も一九三〇年代に軍国主義の教育を受けた、大戦の原体験者《げんたいけんしゃ》です。その経験を省《かえり》みつつ、次世代《じせだい》にも反省を伝えています。

『原子野の花』には瀕死《ひんし》の友を救う場面があります。無私《むし》の愛と友情の精神は、当時の子どもたちが受けた教育の一部でした。しかし、それが自爆攻撃《じばくこうげき》の総力戦にも変貌《へんぼう》したという苦《にが》い経験がありました。

　これまでは国のために捨てた命、同じ熱い思いと愛を、これからは目の前の人々や社会に向けながら、良いものはそのまま受け継ぎ、新しいかたちで伝えていく、その一方で、過《あやま》ちに向き合って、二度とそれを繰り返さないように公正で平和な明るい未来を築く——双方《そうほう》の意思がこの作品には見受けられます」（同）

罪もない子たちの被爆《ひばく》体験が「原水爆禁止宣言」の原点の一つ

　また、中国新聞社ヒロシマ平和メディアセンター長の金崎由美は、「ＧＨＱのプレス・コードが厳しいなかでの表現活動であり、同誌に載った他の企画とのバランスを見ても『世の中に出すためにはどうすればいいか』を検討された様子がうかがえます」と語る（同）。

　ＧＨＱの検閲は、出版社の生命を左右していた。大量に刷《す》った商品が、万が一、発行禁止《はっこうきんし》や回収になれば、小さな出版社はいっぺんに吹き飛んでしまう。軍事裁判《ぐんじさいばん》にかけられる可能性すらあった。

「原子野の花」が載った「少年日本」十一月号には、理論物理学者の中村誠太郎による「原子力とこれからの世の中」という読み物も載っている。池田編集長は、この前号でも、原子力の問題を取り上げた。

各誌から引っ張りだこだった人気画家の小松崎茂による、原子力の未来《みらい》予想図《よそうず》で巻頭カラーを飾った。そして理論物理学者アインシュタインの評伝（作＝澤田謙）を載せた。

タイトルページの冒頭は、〈悲惨な戦争を止《や》めさせた原子爆弾はどのようにして生《うま》れたか〉という一文で始まる。これは「悪い日本が起こした悲惨な戦争を、正義のアメリカが原爆によって終わらせた」という論理なのだが、本文の最後は、まるで異《こと》なる終わり方をする。

〈（アインシュタインは）自分のつくらせた原子爆弾の将来について、大へん心配している。「科学の上からみて、原子爆弾をふせぐ方法は考えられない。人類がほろびてしまうのをすくうには、世界に

恩師である戸田城聖が経営する日本正学館で、編集長として奮闘していたころの池田。「少年日本」（1949年11月号、12月号）では、『レ・ミゼラブル』『モンテ・クリスト伯』といった世界の名作をコラムで紹介するなど、子どもたちのためになる雑誌作りに全力を注いだ
©Seikyo Shimbun

正しい平和をうちたてるほかはない」といま一生けんめいそのことを考えている〉

この二年前、三重県で発行されていた「故郷」という雑誌が、〝アインシュタインが原爆を憂《うれ》い、第三次世界大戦を憂えている〟という話を載せようとしたが、すべて削除されている（前掲『原爆　表現と検閲』）。

金崎は「雑誌には編集長の好みが出ます。『原子野の花』の編集作業は、池田ＳＧＩ（創価学会インタナショナル）会長が『核兵器のない世界』へ強い関心を持つ淵源《えんげん》になったのではないかと推察《すいさつ》しました」とも語る。

「一九四九年（昭和二十四年）は、八月に『広島平和記念都市建設法』が施行《しこう》され、各地で戦争の記録文学が盛んになり始めた年です。十一月にはＧＨＱのＣＣＤ（民間検閲局）が検閲から撤退《てったい》しました。『原子野の花』は、こうした世相が児童文学にも反映した一篇《いっぺん》だといえます。

この時点では被爆体験の読み物はまだまだ少なかったと思います。小社（中国新聞社＝編集部注）の『ジュニア中国』という子ども向けの新聞では、原爆の話題がわずかながら出てくるのは同年の十二月二十四日付。子ども自身が書いた被爆体験手記として一冊にまとめられ、大反響を呼んだ長田新《おさだあらた》編『原爆の子』が出版されたのは五一年（同二十六年）でした。

同書が発刊される二年前に、子ども目線で原爆の悲惨を訴える創作《そうさく》読み物が全国で読まれ、同じ世代の子どもたちが被爆体験を共有した意義は大きい。

戸田会長が五七年（同三十二年）に世界に訴えた『原水爆禁止宣言』の原点の一つが、こう

横浜・三ツ沢の競技場で開かれた創価学会の第4回青年部東日本体育大会に出席した戸田城聖。「いやしくも私の弟子であるならば、私のきょうの声明を継いで、全世界にこの意味を浸透させてもらいたい」――この日、同競技場に集った5万人の参加者を前に、青年への〝遺訓の第一〟として、「原水爆禁止宣言」を発表した（1957年9月）。同宣言は創価学会の平和運動の原点となっている
©Seikyo Shimbun

した罪もない子たちの被爆体験に根差しているであろうことも重要だと思います」（前掲「聖教新聞」）

＊

ＧＨＱによる雑誌の検閲は、はじめは「事前《じぜん》検閲」だったが、途中で「事後《じご》検閲」に変わった。当時、雑誌編集者だった臼井吉見《うすいよしみ》は、雑誌業界の人々の心の動きを見事に証言している。言われたとおりに直せば済んだ「事前」検閲のほうが、楽だったというのだ。

〈……雑誌は出たが、追っかけて発禁《はっきん》を食ってはたまらない。そんなことが、二、三度もつづこうものなら、元も子もなくならざるをえない。いよいよ、相手の腹《はら》を読まずにはいられないことになる。

事後検閲への切《きり》替《か》えを界《さかい》にして、すくなくとも雑誌の上でいえば、言論が、にわかに精彩《せいさい》を

失った。おそらくは相手が期待もしていない地点まで後退をはじめる。たがいに顔を見合い、暗黙《あんもく》のうちにうなずいて、翌月はさらに後退する。かくて進んで既成《きせい》事実をつくっては、一歩一歩引き下ることになる。それが目に見えるようであった。

権力者の腹を読んでは、次々に道をゆずるという卑屈《ひくつ》な振舞いは、かつて軍部《ぐんぶ》に対するものだったが、いまはまた占領権力に対して、同じことをくりかえしている。そういう国民のメンタリティが、言論の責任者である編集者のしぐさの上に、露骨《ろこつ》に示されるのだった〉（『蛙のうた』筑摩書房）

池田が「冒険少年」「少年日本」の編集長を務めた半年間は、この「事後検閲」の時期だった。戦争中も、言論界は検閲にしばられていた。これに抗《あらが》った数少ない雑誌編集者の一人が戸田城聖だった。当時は戸田城外《じょうがい》と名乗っていた。

戸田城外は、師である牧口常三郎《つねさぶろう》（創価学会初代会長）を支えながら、日中戦争から太平洋戦争に戦線が広がる渦中《かちゅう》、少年雑誌の編集長として軍国主義に精一杯の抵抗《ていこう》を試みた。やがて、治安維持法《ちあんいじほう》違反と不敬罪《ふけいざい》に問われ、牧口とともに投獄《とうごく》される。

牧口は、獄中で生涯を終えた。七十三歳だった。

戸田は、生きて獄を出た。四十五歳だった。

二十一歳の池田は、二年の獄中生活を経た筋金《すじがね》入《い》りの言論の闘士に、「何を読むか」「どう読むか」を徹底的に鍛《きた》えられたのである。

第8章 〝マンガの神様〟も憧《あこが》れた——少年雑誌②

かつて〝マンガの神様〟手塚治虫は語った。

「『冒険少年』に描いてみたいと思っていたんだよ」

「自分から是非描きたいと思った雑誌は、当時はこの本くらいだったねエ」

戸田城聖《じょうせい》が発行した月刊誌「冒険少年」（のちに「少年日本」）。

若き日の池田大作は、戸田の後を継いで編集長を務めた。

池田が手掛けた少年誌は、敗戦後の荒廃《こうはい》に心を痛めていた子どもたちに希望を与え、夢を育《はぐく》んでいく。

その一冊一冊を手に取り、成長していった〝子どもたち〟の証言を追った。

〝マンガの神様〟手塚治虫が、「聖教新聞」に大きな一コママンガを描いたことがある。きっかけは、西武ライオンズ球場（当時）だった。

一九八二年（昭和五十七年）九月。所沢の西武球場で創価学会の第二回世界平和文化祭が行われた。各国の大使をはじめ、一万人近い来賓《らいひん》が招《まね》かれた。手塚もその中の一人だった。小社の月刊誌「希望の友」や「コミックトム」などに十年にわたって連載してきた「ブッダ」が、大詰《おおづ》めを迎えようとしていた。

〝どうしても傘《かさ》をさす気にはなれませんでした〟

朝から雨が降っていた。開会を控《ひか》えた夕方の四時半、池田大作は球場のバックネット裏《うら》に着

原稿があふれる作業場の机で、自身の代表作「鉄腕アトム」のフィギュアを手に取る手塚治虫（1963年5月）©手塚治虫プロダクション公認／共同通信社

いた。すぐグラウンドに出た。傘《かさ》は差さなかった。三塁側《さんるいがわ》から歩き始め、スタンド沿《ぞ》いに外野を回り一塁側まで、何度か立ち止まりながら、参加者たちに声をかけ、手を振り続けた。

四万人の青年たちによる、全三景の熱演を、来賓たちが見つめた。どうしても、雨を避《さ》けたい演目があった。炎を点《とも》した何本ものトーチ（松明《たいまつ》）を使う「平和の光――松明の舞《まい》」。六〇〇〇人の女子部員が登場する。その寸前、すでに霧《きり》のようになっていた小雨《こさめ》が消えた。

映画「二百三高地《にひゃくさんこうち》」や「人間革命」の監督・舛田《ますだ》利雄は〈わけても印象的だったのは、文化祭の中頃《なかごろ》だったでしょうか、それまで降っていた雨がやんだことでした〉と綴《つづ》っている。

〈来賓席の人達はビニールのレーンコートを着ていましたが、だれ一人としてカサをさそうとはしませんでした。私も「カサをさして下さい」と言われました。しかし、あの熱演にどうしてもさす気にはなれませんでした。そんな時だったですね。雨が上がったのは〉

〈この日の感動はとても70ミリのワイドスクリーンでもとうてい収まりきれるものではありませんでした。そしてまた、文化祭にはスターは一人もいませんでしたが、すべての人がスターでもありました〉（一九八二年九月二十五日付「聖教新聞」）

*

グラウンド全面を使った人文字《ひともじ》には、一万二〇〇〇人が参加した。合計一一六もの絵巻《えまき》を繰り広げ、観客を沸《わ》かせた。この日、池田は〈金《きん》の雨 また銀の雨 舞台なる 世界に平和と うねる乱舞《らんぶ》は〉と詠《よ》み、四万人と彼らを支えた人々の苦労をたたえた。

「第一次宗門《しゅうもん》事件《じけん》」による、池田の第三代会長辞任から三年余り。この文化祭は池田にとって「反転攻勢《はんてんこうせい》」の一つの節目《ふしめ》になった。

文化祭が終わってから三カ月経《た》っても、四カ月経っても、文化祭の記録映画を見た人や、記録集『平和のルネサンス』を読んだ人たちから反響《はんきょう》が届き続けた。年が明けてからの会合で、池田はそうした声を幾《いく》つか紹介した。「（文化祭に感銘を受けた）ある財界人は『勤行《ごんぎょう》と教学と折伏《しゃくぶく》がなければ、日本中の青年がみな創価学会に入ってしまうだろう』（大笑い）といっていた」と語った後、こう続けている。

第2回世界平和文化祭での人文字の演技。1万2000人の出演者によって、グラウンドいっぱいに池田の筆致で「平和乃光」の文字が描き出された（1982年9月）
©Seikyo Shimbun

「この数年間の狂気《きょうき》の学会批判に、多くの著名人が、その前途《ぜんと》を心配していたようだ。……さまざまな低次元《ていじげん》の策謀《さくぼう》や非難があっても、それはそれである。どこまでも信心は毅《き》然《ぜん》として、御本尊《ごほんぞん》に向かいゆく炎のごときものでなければならない。そして、御本尊とのあいだには、なにものも入れない厳然《げんぜん》たる姿勢でなければならない」（一九八三年一月、「港区、千代田区合同記念幹部会」でのスピーチ）

「自分の行動が学会の姿を決める」

プロ野球で戦後初の三冠王《さんかんおう》——捕手《ほしゅ》としては世界初——に輝き、のちに名指導者として球史《きゅうし》に名を残す野村克也《かつや》も、文化祭の日、西武球場のスタンドにいた。

〈何万人、何千人という集合体。たった野球の九人でさえまとまりにくいのに。よくぞここまで、という実感が胸奥《きょうおう》にわく。どの過程《かてい》ひとつ取り上げても、よほどしっかりした積み重ねを踏《ふ》んでいないと、あれだけの「美」は成《な》し得《え》ない〉

〈「世界平和文化祭」のプログラムには主役がいなかった。だが、どこかに主役がいる。それは、陰《かげ》に。フットライトの陰に〝黒子《くろこ》〟がいる〉

〈雨の降りしきる中、待機する出場者、運営の人、接待の人、どの顔にも我々でいえばチーム愛があった。自分一人の行動が学会の姿を決める、という姿勢。……野球でも、勝てばスポットが当たる。しかし、陰に貢献《こうけん》している人が必ずいる。「見えないから」といって、その主役を見失ってはいけない。この祭典を、ただ「美しかった」「素晴らしかった」だけでは〝見逃しの三振〟に終わる、という教訓が残った〉（前掲「聖教新聞」）

*

舛田利雄や野村克也の印象記が載《の》った紙面の中央に、「鉄腕《てつわん》アトム」が飛んでいる。イラストの左下には、横書きで〈手塚治虫〉のサイン。西武球場に集まった人々の中に、ベレー帽《ぼう》をかぶった手塚治虫が描かれている。吹き出しには「一丸となった若者の熱気がまるで一人の巨人のようにみえました」というセリフが。

いっぽうのアトムは、球場の上を飛びながら文化祭を眺《なが》めて、「あと何回かしたらロボット

「本当にご苦労さま」――。第2回世界平和文化祭の会場となった西武ライオンズ球場（当時）のグラウンドで、小雨のなかマイクを手に出演者たちに声をかける池田。同文化祭では、来賓１万2000人を含め約3万人が熱演を観賞した（1982年9月、埼玉・所沢市）©Seikyo Shimbun

も参加するのかなァ」。

　このころも手塚は四六時中、原稿の締切《しめきり》に追われる身だった。文化祭にも途中から駆けつけた。自身の名作「ジャングル大帝」の主人公レオが人文字に登場すると聞き、楽しみにしていたが、それには間に合わなかった。

　文化祭の翌々日、「聖教新聞」に次のような声を寄せている。

「世界中の人達が望んでいることを世界平和文化祭は見事に実現されましたね」「アニメも平和を目標に一人一人が一枚一枚の絵をかいて作ります。一つの歯車でもかみ合わないと出来ません。多くの人が心を合わせての演技にグラウンドからの熱気に圧倒されました。世界の代表が各国の民族《みんぞく》衣装《いしょう》で出

演し、明るく歌ったり踊《おど》ったり世界平和の縮図《しゅくず》でオリンピック以上だと思います」（一九八二年九月二十一日付）

この五年後、手塚は「コミックトム」にベートーベンを主人公にした「ルードウィヒ・B」の連載をスタート。しかし、未完《みかん》で終わってしまう。

「胸の中に、〝心の友〟が生きている人は幸福である」

手塚が亡くなった年の秋、池田は関西創価学園で不世出《ふせいしゅつ》のマンガ家の死を惜《お》しみ、「手塚治虫は〝本の虫〟だったこと」、そして「マンガの神様は、マンガの中から生まれたわけではない」ことを語った（一九八九年十月、第八回「健康祭」）。

「……『日本人は、なぜこんなにマンガが好きなのか』との外国人の問いに、『外国に手塚治虫がいなかったからだ』（「朝日新聞」社説、一九八九年二月十日付。参照）と答えた人がいる。それほど手塚氏の『パイオニア』としての存在は大きかった」

「学園生にも電車通学が多いが、彼も（兵庫の）宝塚から（大阪の）池田まで電車通学であった。その間、いつも本を読んでいた。彼はマンガも好きであったが、徹底した〝本の虫〟でもあった。文学全集や科学の本などかたっぱしから読んだ。後年も、この〝本の虫〟は続いた。世界に名をなした人の多くは、青春時代に読書にいそしんでいるものだ。彼の厚《あつ》みのある作品には、こうした読書体験が背景にある。

勉強も抜群《ばつぐん》の成績であった。大阪大学医学部を卒業。医学博士でもある。〝マンガ〟のパイオニアも、マンガの中から生まれたのではない。読んで読みまくった『本の世界』から生まれたのである。また、彼は小学生時代、マンガを読むときも、つねに他のものと比較《ひかく》し、批判《ひはん》し、研究しながら読んだという」（『池田大作全集』第五十七巻）

手塚の青春時代を入り口にして、池田は子どもたちに「本を読む」楽しさを語った。

「『本の読み方』については、さまざまな意見がある。

たとえば、一人の作家を中心に読む。また自分のテーマを決めて読む。

さらに、一冊ずつ、きちんと読みかさねる。反対に何冊も同時並行《どうじへいこう》で読む。

古典を中心に読む。自分の興味があるものから読む。

良書をゆっくり、ていねいに精読《せいどく》する。多くの本を速読する、など。

そして、読んだら短くても感想を書いたり、人に語ることを勧《すす》める人もいる。そうすれば、内容をより深く自分のものにすることもできるからだ。他にも『読書の方法』については、いろいろな考え方がある。かならずしも〝こうでなければならない〟というものはないと思う。自分に合った読み方でよいし、自由に伸びのびと『読書の習慣』をつけていけばよいのではないか。

ともかく、若い時代に良書にふれ、その中から『自分の友だちだ』『少年時代の親友だ』と呼べる書物や登場人物を見つけることだ。胸の中に、そうした〝心の友〟が生きている人は幸福である。人生が豊かになるし、楽しい。また、いざというときに強いし、人格にも味わいがでてくる」（同）

マンガ家の堀田あきおは若いころ、手塚治虫のアシスタントをしていた。手塚が「ブッダ」や「ブラックジャック」を手がけている時期だった。手塚が参考にしていた資料の中に、池田の『私の釈尊観《しゃくそんかん》』（文藝春秋）や『私の仏教観《ぶっきょうかん》』（第三文明社）が置いてあったことを述懐《じゅっかい》している（「ラジオSEIKYO LABO」二〇二一年九月二十四日配信）。

手塚と創価学会の縁《えん》は、西武球場の文化祭の年から数えて、さらに三十四年ほどさかのぼる。それはちょうど、池田が戸田城聖《じょうせい》（創価学会第二代会長）のもとで雑誌編集に携《たずさ》わり、子どもたちに「これは自分の友だちだ」「親友だ」と思ってもらえる小説やイラストを届けようと、苦心《くしん》し始めたころのことだった。

「『冒険《ぼうけん》少年』って知ってたかい？」

手塚治虫が原稿の締切を乗り切って、ひと休みしている時のことだった（以下、平田昭吾・

根本圭助・会津漫画研究会『手塚治虫と6人』〈ブティック社〉から)。

居合わせたマネージャーの平田昭吾とアシスタントの斉藤あきらに、「突然だけど、昔の雑誌で『冒険《ぼうけん》少年』って知ってたかい?」と尋《たず》ねた。

「昭和二十三年頃創刊された少年向け雑誌でね。私が子供のころ大好きだった海《うん》野十三《のじゅうざ》先生が小松崎茂さんの挿絵《さしえ》と組んで連載していたんだ」

平田がよく覚えていないと言うと、手塚は「それじゃあ、見せてあげよう!」と立ち上がり、自分の部屋から古い雑誌を何冊か持ってきた。それは学生時代に買い求め、ずっと大事にしまっていたものだった。

〈……私(平田)と斉藤あきらはそれを見た瞬間二人同時に
「見たことあります!あります」

「やあ懐《なつ》かしいなあ、これだったんですか!」

手塚は、さも嬉《うれ》しそうにうなずきながら本を手にとり、パラパラとめくりながら言った。

「海野先生の『怪星《かいせい》ガン』これなどは、ストーリーにスピード感があって、すごいなあと思いながら読んでいたものでね。

ポンさん(平田昭吾のこと=編集部注)、斉藤氏、僕はこの『冒険少年』に描いてみたいと思っていたんだよ!」

「そうだったんですか」

「うん。海野先生も描いているし、山川先生も、小松崎さんも描いていてね……。この本からは何か特別な情熱みたいなものを感じたよ。それにこのころは、子供向けの雑誌が続々創刊されていてね、僕はまだ医学生《いがくせい》だったし、将来のことも決めかねていた時期で、単行本を描いていたけれど雑誌での漫画連載《まんがれんさい》もすごく魅力的《みりょくてき》だったんだ」

続けて手塚は言う。

「でも、この雑誌は僕が上京したころには廃刊《はいかん》になっていたんだ。

君たちも知っているように、僕は作品発表の場を与えてくれる依頼があれば、どんな媒体《ばいたい》にでも描いてみたい（原文ママ）思っているけれど、自分から是非《ぜひ》描きたいと思った雑誌は、当時はこの本くらいだったねエ……」〉

＊

二十歳の手塚治虫が、自らマンガを連載したいと願った「冒険少年」。創刊時には戸田城聖が編集を手がけ、のちに池田が編集長を務めた月刊誌である。一流の作家と挿絵画家をそろえ、斬新《ざんしん》なレイアウトが評判を呼んだ。

「冒険少年」は「冒少《ぼうしょう》」と呼ばれた。タイトルが「少年日本」に変わると、愛称も「少日《しょうにち》」に変わった。巻末《かんまつ》の「愛読者だより」には毎号、日本列島のすみずみから熱い声が寄せられた。

秋田から——〈立派で面白い冒険少年だけは、納豆《なっとう》売りをやって、ようやく買っているのです〉（一九四八年六月号）。

戸田城聖が経営する出版社「日本正学館」から発刊された月刊誌「冒険少年」と「少年日本」全23冊。池田は編集長として、このうち５冊に携わった
©Seikyo Shimbun

三重から――〈あまりむちう（夢中）になるので少しの間に読んでしまいますから、もう少し頁《ページ》を多くして下さい〉（同七月号）。

兵庫から――〈紙の不自由な時でありますが、月刊のことですから頁をふやして下さい〉（同）。

北海道から――〈母は他の本はともかく、「冒険少年」はだまっていても買ってくれます。そして僕より先に目を通します〉（同九月号）。

福岡から――〈みんなから貸《か》せ貸せと引張《ひっぱ》りだこにされてやぶれてしまいました〉（同十月号）。

静岡から――〈頁を増やして紙のよい物を使って下さい〉（同）。

富山から――〈十月号を町中さぐってもないので僕はわざわざ高岡まで行きました　やっとのことで手にはいった、僕はうれしくてたまらない〉（同十二月号）。

胸を衝《つ》かれる投稿もあった。

香川から——〈僕は友達から冒少を教えてもらったのです、その友に感謝を捧《ささ》げねばならない。僕の求める楽天地《らくてんち》は敗戦国《はいせんこく》にもあったのです、夢ではなかった〉(同十月号)。

日本の敗戦から三年。連合軍の占領下《せんりょうか》にある子どもたちは、食べ物だけでなく〝心の栄養〟を欲《ほっ》していた。「冒険少年」は専門家からも〈当時、雨後《うご》の筍《たけのこ》の如《ごと》く次々と出て来る少年誌の中でも、一際《ひときわ》光った存在であった。……料理に喩《たと》えるなら、他の少年誌は単品料理であるのに対し、本誌(「冒険少年」＝編集部注)はフルコースの趣《おもむき》があり〉と高く評価されている(瀬名堯彦、『海野十三全集』第十三巻〈三一書房〉の解題)。

＊

手塚が愛読した「怪星ガン」は、「冒険少年」の創刊号(一九四八年一月号)からスタートした。「日本ＳＦの父」と呼ばれる海野十三が手がけた。十冊もの雑誌で連載をかけもちしていたという人気作家である。挿絵は、絵物語作家として飛ぶ鳥を落とす勢いの小松崎茂。

戸田城聖は、海野の家にも、小松崎の家にも自《みずか》ら足を運び、連載をかちとった。「怪星ガン」は、『銭形平次捕物控《ぜにがたへいじとりものひかえ》』で知られる野村胡堂《こどう》のミステリー「大宝窟《だいほうくつ》」と並び、「冒険少年」の看板《かんばん》小説になる。

二十一歳の池田は、水道橋駅に近い日本正学館《しょうがっかん》から、駒込《こまごめ》にある小松崎邸に通《かよ》った。ある時は海野が書いた「怪星ガン」の原稿を届け、ある時はカラーの挿絵が出来上がるのを静かに待った。

東京・千代田区の西神田の交差点。この辺りに日本正学館の社屋が立っていた。
交差点を右に進むとJRの水道橋駅がある ©Seikyo Shimbun

海野十三は肺病《はいびょう》と闘《たたか》いながら書き続けたが、一九四九年（昭和二十四年）五月中旬、急逝《きゅうせい》――それは、戸田が池田を「冒険少年」の編集長に抜擢《ばってき》した時期と重なる。池田は編集長として初めて世に出した七月号に、海野の訃報《ふほう》を載せねばならなかった。看板作家を失った雑誌の立て直しに、知恵を絞《しぼ》った。

〈『冒険少年』の七月号から私は編集を全面的に任された。駅でもバスの停留《ていりゅう》所《じょ》でも街を歩きながらも、私は始終《しじゅう》、少年たちが何を読んでいるのか気にしていた。小学校の前に行って子どもたちにどういう内容を読みたいか、尋ねたりもした〉（「私の履歴書」、『池田大作全集』第二十二巻）

五月三十一日の日記。

〈戸田先生の会社に、お世話になって、早、半年。実に、波乱激流《はらんげきりゅう》の月日であった。……少年雑誌『冒険少年』七月号でき上がる。自分の処女作《しょじょさく》となる。純情《じゅんじょう》なる少年を相手に、文化の先端を進む、編集を、自分の親友と念《おも》い、恋人の如《ごと》く思うて、力《ちから》の限り、向上発展をさせよう〉（『池田大作全集』第三十六巻）

本に希望を求めて

子どものころ、「冒険少年」や「少年日本」を手に取り、のちに池田とめぐりあった人々もいる。

久家《くげ》淑子は福島の三春町《みはるまち》に住んでいた。父の由市《よしいち》も、母の八重《やえ》も、小学校の教師だった。太平洋戦争が始まり、由市に日本軍の赤紙《あかがみ》（召集令状《しょうしゅうれいじょう》）が来た。出征先《しゅっせいさき》はビルマ（現・ミャンマー）だった。

「戦争中、三春町に残されたのは女、子ども、すでに夫を亡くした人ばかりでした。父はビルマでマラリアにかかったり、戦場で両膝《りょうひざ》を撃《う》ち抜かれたりしたのですが、歩けるようになり、敗戦後、日本に戻りました」

淑子は生まれた時、息をしていなかった。「とりあげてくれたお産婆《さんば》さんが、足を持って逆さにして、お尻《しり》や背中を叩《たた》いて泣き声を出させるんですね。私はそれで息をし始めたのですが、その時の後遺症《こういしょう》で、脊髄《せきずい》の狭窄症《きょうさくしょう》になったんです」。

父の由市は、体の弱い淑子によく本を買ってきた。ギプスをつけた淑子を郡山《こおりやま》の病院まで連れて行った帰り道にも、二人で本屋に立ち寄った。その時、「これはすごくいい本だよ」と言って買ってくれたのが「少年日本」だった。

「病弱な体でしたが、本を読んで元気が出ることがあったんです。私は『少年日本』の大ファンになって、いつも買ってもらえると思っていたら、プツンと来なくなってしまった。本屋さんに行って『続きが読みたい』と泣きながら頼んだことを覚えています」

やがて、父の由市は教え子の親から仏法の話を聞き、創価学会に入る。東京に出た淑子は、文京区の東大前の美容室で、住み込みで働いていた。一九六二年（昭和三十七年）、荒川区から通っていた同僚《どうりょう》の人柄に惹《ひ》かれて信心を始めた。「何かの会合で、あの『少年日本』の編集長が池田先生だったことを知った時は本当に驚《おどろ》きました」。

これまで七十世帯近く弘教《ぐきょう》を重ねてきた。原点は女子部の時だった。

「夏季《かき》講習会《こうしゅうかい》で、目の前に来られた池田先生から『女子部は絶対に御本尊《ごほんぞん》から離れるんじゃないよ。退転《たいてん》するんじゃないよ』と言われました。

荒川に住んでいた時には、記念の会合（一九八三年二月）で『庶民のなかの一番の庶民が荒川の皆さんです。だから私は世界のどこにも言っていませんけど、荒川は私を守ってください』と言われました。先生を守るといっても、私は何もできないから、折伏《しゃくぶく》でこれまでの恩をお返ししようって決めたんです」
今年（二〇二一年）、八十五歳になった。「『少年日本』は、できればあの続きが読みたいなと、今でも思いますね」と語る。

「これからは、夢を追い続ける力《ちから》が大事になってくる」

井上雅夫は埼玉の飯能《はんのう》で生まれた。三〇〇年続く旧家《きゆうか》だった。「秩父《ちちぶ》に近い山村で、農業と林業で生計《せいけい》を立てていました。養蚕《ようさん》も盛《さか》んだった母屋《おもや》の二階は、戦争末期から数世帯の親戚《しんせき》が疎開《そかい》していました。敗戦後、その中の誰かが、町の本屋で『少年日本』を買ってきてくれたんです。

戦後の混乱期に、他の雑誌にはない希望を感じて、新鮮な気持ちになって読んだことをはっきり覚えています。池田先生の小説『人間革命』を読んで、先生が『少年日本』の編集長だったことを初めて知ったのですが、その時の驚《おどろ》きは忘れられません」と振り返る。

東京学芸大学の学生時代、下宿先の家族のすすめで創価学会に入る。三年後の一九六四年（昭和三十九年）、中学校で技術科を教えていた井上は、教育部（現・教育本部）の代表として半年ほど、池田から直接、「法華取要抄《ほつけしゆようしよう》」の講義を受けた。法華経は「末法《まつぽう》の民衆のため」に説かれたことを示した、日蓮《にちれん》の重書《じゅうしょ》の一つである。

「教育者は、他の職業と比べて、百倍、千倍の影響力がある仕事なんだ。地域からも、父兄からも慕《した》われる人になっていきなさい」と教わり、胸に刻んだ。

後年、創価学園から声がかかり、東京校で技術科を教えた。池田が第三代会長を辞任した七九年（同五十四年）から三年間、学年主任を務めた。

「学園に赴任《ふにん》した年、先生から〈緻密《ちみつ》なる 世紀の子弟《してい》に 君が指揮〉という句をいただきました。文化祭では、『動くおもちゃ』の実演コーナーをご覧いただき、『子どもの創造力がいかに大事か』について先生に質問しました。『子どもたちにとって、夢を追い続ける心が最も大事だと思います』と申し上げると『そうだな。これからは、そういう力《ちから》が大事になってくる』と。
二人で話そうと言われ、屋上テラスを歩きました。

ある時は、会長辞任について『気にしている人が多いけど、何でもないんだよ。大したことないんだよ』と皆に言われました。あの当時は、教員の一人ひとりに対して本当に心を使われ、細かく励ましていただいたのだと思います」

創価学園に二十年勤め、定年後は国際協力機構（ＪＩＣＡ《ジャイカ》）の「シニア海外ボランティア」に志願。シリアやブータンに赴《おもむ》いた。南米のパラグアイでは、孤児《こじ》たちが学ぶ全寮制《ぜんりょうせい》の学校で、木工《もっこう》の技術指導に取り組んだ。

買えなかった「少年日本」

「冒険少年」や「少年日本」を本屋で目にしたものの、貧《まず》しさゆえに買えず、涙をのんだ人もいた。

小沢昭子《しょうこ》は中国・旅順《りょじゅん》の陸軍官舎《りくぐんかんしゃ》で生まれ、青春時代を満洲国《まんしゅうこく》（現・中国東北部）の奉天《ほうてん》（現・瀋陽《しんよう》）で過ごした。父の千葉伝治は満洲国をつくるために、経理を担当する職業軍人《しょくぎょうぐんじん》として派遣《はけん》された。

自宅の左隣《ひだりどなり》には白系《はっけい》ロシア人、右隣には中国人の家族が住んでいた。昭子が子ども同士で遊ぶ時は日本語に「オーチン・ハラショー」（ロシア語で「とても素晴らしい」）や「謝謝《シエシエ》」（中国語で「ありがとう」）が入り混《ま》じった。

奉天浪速《なにわ》高等女学校に進み、満洲国の皇帝である愛新覚羅溥儀《あいしんかくらふぎ》の親族と机を並べた。

「私が女学校に入った年に真珠湾《しんじゅわん》攻撃があり、太平洋戦争になりました。学校では毎月、戦《せん》勝祈願《しょうきがん》の神社参拝《じんじゃさんぱい》がありました。英語の授業は長刀《なぎなた》を振り回す時間になり、音楽の教科書からアメリカやイギリスの歌が全部消されました。

やがて学徒動員《がくとどういん》が始まり、鉄道工場で働き、休日はすべて満洲医科大学に通わされ、全員が看護婦《かんごふ》（現・看護師）の免状をとりました」

日本が敗《やぶ》れたのは、日本大使館の事務員として働き始めて五カ月後のことだった。

ソ連（当時）はすでに「日ソ中立条約」を破り、進軍していた。「女性は襲《おそ》われる」と聞かされ、十七歳の昭子と五歳の妹は頭を丸坊主《まるぼうず》にして、顔に墨《すみ》を塗《ぬ》り、床下《ゆかした》に隠れて生活した。

〈ソ連の瀋陽占領がはじまるときいて私の自慢だった黒髪《くろかみ》は母の手で根元《ねもと》からばっさりと切り落《お》とされてしまいました。父のだぶだぶのズボン、男のポロシャツならぬボロシャツに身をまとった滑稽《こっけい》な姿も、その時は真剣に男に化《ば》けたつもりでした〉（小沢昭子の手記）

＊

やがてソ連の囚人《しゅうじん》部隊が乗り込んできた。略奪《りゃくだつ》の悲鳴、ピストルや自動小銃《じどうしょうじゅう》の音が絶《た》えない。言うことをきかない人がその場で撃ち殺されることもあった。友だちの姉はソ連兵の暴行を受け、自ら命を絶った。「五分後の命もわからない、胸の凍《こお》りつくような恐怖の生活」が続いた。

「女性と子どもは朝鮮《ちょうせん》に逃げるように」と勧められたが、家族で相談し、死ぬときは皆で一緒に、と覚悟を決めた。「この時、朝鮮行きを選んだ友だちは、一人もその後の消息《しょうそく》がわからなくなりました」（小沢昭子）。

運だけでなく、それまでの振る舞いも生死を分けた。ある日、父の伝治が、中国兵に連れていかれた。永遠の別れだと覚悟したが、二日後、戻ってきた。

「父の同僚の方々が次々に銃殺《じゅうさつ》されたそうですが、たまたまわが家に出入りしていた中国人がいて、『この人は違う。私たちに職を探してくれたり、食べさせてくれたり、皆がとても世話になった人だ』と言ってくれたおかげで、無傷《むきず》で帰ってこられました」

早く日本に帰りなさい――親切な中国人に急《せ》き立てられ、家族六人で北奉天《きたほうてん》駅に向かった。

「小さい子どもを日本に連れて帰れず、泣く泣く中国人に子どもを渡すお母さんがいました。やっと駅までたどり着いたのに亡くなってしまった家族を、そのまま駅に置いて列車に乗らないといけない人たちもいました。商船《しょうせん》学校の練習船『海王丸《かいおうまる》』に乗って帰国しましたが、船の中で亡くなった方は水葬《すいそう》されました」。

博多《はかた》から列車に乗り、父の故郷の岩手に向かった。広島では、原爆《げんばく》で焼き尽くされた町を見て言葉を失った。やっとの思いで一関《いちのせき》に着いた。しかし、はるかに苦しい思いをしたのは、それからだった。

軍国主義と闘った人々

〈引き揚《あ》げて新しい土地にもやっとなれた翌（昭和）二十二年、あの東北地方を荒れ狂った台風で私の住む町は一望《いちぼう》の原っぱと化してしまったのでした〉（小沢昭子の手記）

この年、岩手は「カスリーン台風」に襲《おそ》われ、死者・行方不明者が一六〇人を超えた。一関の町は濁流《だくりゅう》にのみ込まれた。昭子たちの家は、駅に近い、国道沿《ぞ》いの便利な場所にあった。二階の雨戸《あまど》を筏《いかだ》代わりにして避難《ひなん》した。翌日、水が引いて戻ってみると、家は柱だけが残っていた。

堤防《ていぼう》ができれば、こんなことは二度と起こらない――周りからそう励まされた。引き揚げてから、母のテルは生活の足しにとお菓子屋や古物商《こぶつしょう》、飲食店を試したが、赤字が続いていた。それでも堤防ができるならと、盛岡の実家を売り払い、新しく始める商売に使う品物を買い込んだ。

しかし、翌年九月――今度は「アイオン台風」が吹き荒れた。岩手では三九三人が犠牲《ぎせい》になり、再び町は壊滅《かいめつ》。昭子の家族は全員生き延びたが、すべての財産を失った。

学校に通っている弟二人と、妹一人の学費に頭を悩ませ続けた。立ち寄った本屋で「少年日本」を見かけたのは、昭子が二十一歳のころだった。

「子ども向けの雑誌は数が少なく、『少年日本』は男の子向けでしたが、目を見張るようなきれいな表紙で、中身もよくて、これを弟や妹に読ませたいと思いました」

しかし、裏表紙を見て定価を確かめた。六十三円。子どもの雑誌一冊分のお金すら、払う余裕がなかった。「少年日本」を手に、しばらく本屋で立ち尽くした。「あの時の悔しさは忘れられません」と振り返る。

一家が創価学会に入るきっかけは、母のテルだった。

〈母は華道《かどう》、茶道《さどう》、盆景《ぼんけい》、水引《みずひき》、と女性の御稽古事《おけいこごと》はすべて身につけ……洋裁《ようさい》、和裁、編《あ》み物、手芸に至るまで、子ども心にも立派な母だと感心するほど、出来ないもののない人でした。そんな母が年老《としお》いて苦労する姿に私は、人間の努力や信念や、道徳がいかにもろく頼りないものであるかを見せつけられる感じでした〉（小沢昭子の手記）

さらに、親戚のつてで東京へ働きに出た父の伝治が詐欺《さぎ》にあい、なけなしの財産を奪われてしまう。母のテルは一九五二年（昭和二十七年）に信心を始めた。昭子は反発した。狭い自宅で座談会が行われた時は、ふすま一つ隔《へだ》てた隣の部屋にこもった。

「でも、あばら家ですから皆さんの声は全部、聞こえます。最後の方《かた》のお話に衝撃《しょうげき》を受けました。『創価学会の初代会長・牧口（常三郎《つねさぶろう》）先生と、第二代会長・戸田先生は、軍国主義と戦い、初代は獄死《ごくし》。戸田先生は獄門《ごくもん》を出て焼け野原に一人立たれ、〝この世から悲惨《ひさん》の二字をなくしたい〟と創価学会を再建されたのです』と。

私は耳を疑いました。軍部に逆らうことは拷問《ごうもん》や死を意味します。私自身、戦争は悲惨であることを満洲で身をもって味わいました。あの一言を聞いて、私は創価学会に入ることを決めました」

「皆さんは祈ることができるのだから」

昭子のこれまでの弘教は一〇三世帯を数える。「第一次宗門事件」に揺《ゆ》れた一九七九年（昭和五十四年）は、八王子圏婦人部長として広い八王子を走り回った。

七八年（同五十三年）の三月、完成してまもない立川文化会館で、池田と懇談する機会があった。

「先生は『最近、ある女性評論家が書いた随筆《ずいひつ》を雑誌で読んだんだよ』と、その内容を話されました」

――人間には〝縦《たて》に生きる人〟と〝横に生きる人〟がいる。縦に生きる人は、血縁《けつえん》を大切にする。横に生きる人は、地域のつながりを大切にする。横に生きる人が、最後は栄《さか》える――そういう内容だった。

池田は、この評論家の書いたことは正しいと思う、と語った。「先生は『〝横〟というのは、友だちとか、学会でいえば組織で誠実に生きることなんだよ』とおっしゃいました」。昭子にとって大きな指針になった。「今年（二〇二一年）の夏は、コロナでなかなか人に会えないから、暑中《しょちゅう》見舞いを二〇〇枚以上書きました。九十二歳ですから、ボケ防止のためですよ」と笑って語る。

＊

生まれ故郷の中国と日本が国交を断《た》っていた時、池田が国交正常化を訴えたことも生きる励みになった。日中の国交回復後、学会婦人部（当時）の訪中団に二度、参加した。

「昭和五十四年秋の訪中団で、驚いたことがありました。私が子どものころ、満洲の学校で習った中国語は、命令《めいれい》口調《くちょう》ばかりだったことに気づいたのです。『座ってください』と言うべきところを『座れ』と教わっていたり……。どれほど当時の日本は傲慢《ごうまん》だったか思い知りました。帰国してから、それまでほとんど使っていなかった中国語を学び直しました」

「中国で私たちに同行された若い通訳の方は『私の父は日本が大嫌いでした。祖父が日本軍に殺されたからです。でも私が池田先生のこと、創価学会のことを話すようになってから、父の感情は変わりました』と話してくれました。訪中団の参加は、池田先生の無言《むごん》の指導だったと思っています」

最も心に残ったのが、周恩来《しゅうおんらい》の夫人、鄧穎超《とうえいちょう》と訪中団一行の会見だった。

「鄧穎超さんは『今、大国はお互いに疑心暗鬼《ぎしんあんき》でおります。でも、池田先生と各国のリーダーは仲良しです。そのおかげで平和が保《たも》たれているのです』と言われました」

実際に、中国とソ連が核戦争《かくせんそう》の一歩手前まで緊迫《きんぱく》していた時、池田は双方《そうほう》のトップ、コスイギンと鄧小平《とうしょうへい》に直接会い、お互いに戦う意思がないことを確かめ、双方に伝えた（単行本『民

「人民のお母さんは、いつまでも、お元気でいてください。『お母さん』が元気であれば、『子どもたち』は皆、元気です」――。自宅の玄関で立って待っていた鄧穎超に駆け寄り、両手を握りしめ語りかける池田（1990年5月、北京）
©Seikyo Shimbun

衆こそ王者』第十六巻に詳述）。
「鄧穎超さんは続けて『皆さんは、池田先生ご夫妻のご健康とご長寿を祈ることができるのですから、どうか皆さん祈ってください』と言われました。あの時の、心からお願いされる真剣な姿に胸を打たれました。日本に住んでいる私たちよりも、国外の方のほうが、平和のために行動されてきた先生の真実をよく知っているのではないか、と感じさせられました」

*

水道橋駅に近い日本正学館――「冒険少年」「少年日本」の編集室には時折《ときおり》、子どもの声が聞こえた。
（西神田の）事務所は二階建てで一階が営業などの事務関係、二階へ通じるところに中《ちゅう》二階《にかい》があり、二階は八畳《じょう》の部屋を真ん中に前後に六畳の部屋が二つあった。（「冒険少年」の）編集室は裏手の六畳の部屋である。戸田先生は八畳の部屋におられ、手前の六畳の部屋と合わせて、ここで法華経の講義などをされた〉（前掲「私の履歴書」、全集第二十二巻）

この六畳、八畳、六畳の三つの部屋が、実質的な学会本部だった。編集室の隣で連日のように会合が開かれ、折伏や質問会が行われた。参加者のなかには、親に連れてこられた赤ちゃんや子どもの姿もあった。

笹木澄子の両親が信心を始めたのは一九四八年（昭和二十三年）。八歳だった澄子は毎月、母に連れられ西神田の旧本部に通った。「一階と二階の階段を上り下りして、よく遊びました」と振り返る。

池田は小さく聞こえてくる子どもの声を耳にしながら、次の企画を練《ね》り、割付《わりつけ》を考え、校正《こうせい》を進めた。

第9章 いっさいの名聞《みょうもん》名利《みょうり》なく——少年雑誌③

東京・上野の地下道で暮らす戦災孤児《せんさいこじ》たち。闇市《やみいち》の喧噪《けんそう》——。
敗戦の混乱が続く昭和二十年代半ば、創価学会とめぐりあい、
人生を切り開いていった人々の蘇生《そせい》のドラマを描く。
さらに戦中、戦後を貫《つらぬ》き、子ども向けの雑誌づくりを通して、
戸田城聖《じょうせい》から池田大作に受け継がれた〝闘《たたか》う言論〟の実像《じつぞう》に迫る。

一九五一年（昭和二十六年）四月二十日――「聖教新聞」の創刊号に、「ふじや」という料理屋の小さな広告が載《の》っている。

広告主の笹木《ささき》正信は、戦争が始まるまで鉄工所で働いていた。現在の東京・江東《こうとう》区にあり、一二〇〇坪《つぼ》の立派な建物だった。しかし、長い日中戦争が、やがて世界を敵に回した太平洋戦争に変わり、鉄工所はアメリカ軍の空襲《くうしゅう》で焼き尽《つ》くされた。

創価学会は最後の希望だった

妻の清子と、一人娘の澄子を抱えて敗戦を迎《むか》えた。好きな大工《だいく》仕事で食いつなぎながら、靴《くつ》磨《みが》きや紙芝居《かみしばい》の腕を磨いた。生活は苦しいままだった。妻の清子も、物心《ものごころ》ついてから不運が続いていた。

〈姉弟五人にも死に別れ、九歳の時、関東大震災《だいしんさい》にあい、それから五年に一度ずつ、四度の火事にあい戦災《せんさい》で家を失い、その上、病気……〉（笹木清子の手記）

二十一歳の池田大作が、戸田城聖《じょうせい》（創価学会第二代会長）の出版社である日本正学館《しょうがっかん》で働き始めた時、すでに笹木正信は戸田のもとに通い詰《つ》めていた。

〈（西神田の日本正学館に）私が初めて出社したのは昭和二十四年一月三日。恩師との出会いから一年四か月後であった。

新入社員でもあり、人よりも早く出社して掃除《そうじ》をした。しばらくして毎朝のように事務所を訪《おとず》れる一人の壮年に気づいたのである。社員ではない〉

〈ある日、戸田先生から紹介され、この人がやがて本郷《ほんごう》の初代支部長となった笹木正信さんと知った。三十半ばの色《いろ》白《じろ》で温厚《おんこう》な人であった。……入信は昭和二十三年八月。組織がまだ確立されていないころで、笹木さんは毎日、戸田

東京の西神田にあった旧・創価学会本部。戸田城聖が経営する出版社「日本正学館」もこの建物内にあった ©Seikyo Shimbun

先生の指導を求めて通っていた〉（池田のエッセー『忘れ得ぬ同志』から）

　正信が創価学会に入ったきっかけは、妻の清子だった。笹木清子は敗戦の前から病《やまい》に伏《ふ》せる日々だった。結核《けっかく》や気《き》管《かん》支《し》喘息《ぜんそく》、胃《い》潰瘍《かいよう》などに苦しめられた。喀血《かっけつ》もあり、医師からあと半年しかもたない、と言われたこともあった。

　姉の夫から創価学会の話を聞いた。不思議なことに、信心を始めてから三週間も経《た》たずに床《とこ》をあげられた。

〈……いやという程《ほど》ふしあわせを感じ、希望を失いながらも、人間に生《うま》れて来た幸せを何かに求めて、失ったはずの希望をすてきれず、もがきにもがいたすえ、私も姉弟同様、胸の病気で寝たきりになり、私は最後に願いは、自分を幸せにするものは何か、何なのか、何なのかと、寝ていた部屋の天井板《てんじょういた》を見すえて、私を幸せにするものが何かある。あるはずだ……〉（笹木清子の手記）

　きょうだい五人が二十代で病に倒れた。清子にとって創価学会は最後の希望だった。そして体験をつかんだ。家族や近所の人々も驚《おどろ》いたが、一番驚いたのは清子自身である。この喜びを伝えたい。そう思い立つと、ものの見え方が変わった。

＊

〈親の代からの知人、友人、学友と、手帳にざっと書きました。八百七十軒《けん》ありました。戦災で焼け残っていた着物に気がついて、活動費を作りました。都内をはじめ、そうして全区に渡

って歩きました。次に地方折伏《ちほうしゃくぶく》……〉（笹木清子の手記）
両親の生まれた長野から始まり、山梨、神奈川、埼玉、群馬、茨城、千葉、広島、三重、山口、長崎、富山、石川、福島、宮城、山形、岩手、青森……清子は手帳に書き出した八七〇軒のすべてを、一軒ずつ訪《たず》ねていく。

小岩《こいわ》の自宅から、各地に向かうための旅費《りょひ》をどうするか。清子は疎開先《そかいさき》に預《あず》けてあった着物をすべて売ることにして、行商《ぎょうしょう》に歩いたが、一時的なものである。夫が立派な仕事に就《つ》けるように。祈りが定まった。

〈深く信心を発《おこ》して、日夜朝暮《にちやちょうぼ》にまた懈《おこた》らず磨《みが》くべし。いかようにしてか磨くべき。ただ南無《なん》妙法蓮華経《みょうほうれんげきょう》と唱《とな》えたてまつるを、これをみがく《磨》とはいうなり〉（一生成仏抄、御書三八四ページ、新三一七ページ）

清子の御書《ごしょ》（日蓮《にちれん》の遺文集《いぶんしゅう》）は、ほとんどのページに鉛筆《えんぴつ》の書き込みがあり、この一節にも赤い線が引いてあった。

正信はもともと無口で、融通《ゆうずう》が利《き》かない性格だった。信州《しんしゅう》の実家から、東京は食料難《しょくりょうなん》だから米を持って帰れ、と言われても、申し訳なく感じて断《ことわ》ってしまう。

清子は家族の将来について、戸田城聖に相談した。「ご主人を私に任せなさい。一切、何事も私が責任を負う。任せられますか」と尋《たず》ねられ、「お任せいたします」と即答《そくとう》した。まだ定《てい》職《しょく》のなかった正信は、戸田のもとに通い始めた。次々と訪れる学会員の深刻《しんこく》な悩みに、戸田が耳を傾《かたむ》け、答え続ける。これまでの人生で見たことのない「生きている宗教」の実像《じつぞう》に、一年ほど、間近《まぢか》で接し続けた。

〈昭和二十四、五年――。この間は戸田先生にとって秋霜《しゅうそう》の時代であった。日本正学館につづいて東京建設信用組合の業務停止《ぎょうむていし》。残ったものは多額《たがく》の負債《ふさい》だった。しかし、戸田先生がもっとも憂慮《ゆうりょ》していたことは事業の挫折《ざせつ》が、会員の信仰に動揺《どうよう》を与え、学会の再建《さいけん》が遅れることであったにちがいない。

　こうした時代は人の心の奥にあるものをリトマス試験紙《しけんし》のごとく、明瞭《めいりょう》に浮かび上がらせてくるものだ。去る者もいた。批判する者も多くいた。逆に苦難《くなん》につけ入って近づいてくる人もいた〉（前掲『忘れ得ぬ同志』）

　池田とともに、戸田城聖の〝秋霜〟の日々を支えようとした人々がいた。彼らの行動が、創価学会の裾野《すその》を広げていった。

女性を守るため
戦争は絶対避《さ》けよ

　ある日、笹木正信が座談会から帰ってくると、八歳になる娘の澄子が、火鉢《ひばち》を抱えて座り込み、神妙《しんみょう》な顔で火をのぞき込んでいた。

「配給《はいきゅう》の砂糖《さとう》を火鉢で温《あたた》めて、アメを作っていたんです。母と相談して、自宅の軒先《のきさき》で駄菓《だが》子《し》屋《や》を始めよう、と。父に言うと目を丸くしていました」。澄子は笑顔で振り返る。

「ほかにも昆布《こんぶ》を仕《し》入《い》れたり、とうもろこしの粒《つぶ》を膨《ふく》らませて売ったり。『ポンせんべい』と呼んでいました。わずかな額ですが、地方折伏の旅費の足《た》しにしたんです」

澄子の小学校の同級生たちが、口コミで〝小さな駄菓子屋の開店〟を広めてくれた。真剣にアメを作る母と娘の様子を見て、正信も本気になって新しい仕事を考え始めた。ちょうどそのころ、折伏した相手から「正信さんは信心を始めてから人が変わった。応援してあげたい。商売をするなら、本郷にある土地を貸してあげよう」と声がかかった。

願ってもない申し出だった。しかし、うまくいくとは限らない。慎重《しんちょう》な正信は、実家の信州に帰ったほうがいいのでは、と弱気になった。

いっぽう清子と娘の澄子は、「たとえ上野の地下道で寝るようになっても、新しい道を開こう」とがんばった。戸田城聖に相談すると、「諸天善神《しょてんぜんじん》の加護《かご》だよ。本郷に越して商売をしなさい。必ず成功する」と励《はげ》まされた。

池田が「冒険少年《ぼうけんしょうねん》」の編集長になる少し前、正信と清子は、戸田に「本郷で今川焼《いまがわや》きの店を始めます」と報告に来た。合羽橋《かっぱばし》で安い鉄板《てっぱん》や鍋《なべ》を買い、コロッケやとんかつも揚《あ》げた。

「しばらくしてラーメンなども出すようになりますが、とても粗末《そまつ》な店でした。四斗樽《しとだる》の上に、ちゃぶ台の脚《あし》を折りたたんで乗せて、それがお客さんのテーブルです。石油缶《せきゆかん》がイスの代わり

でした」（笹木澄子）

本郷に移り、弘教《ぐきょう》の勢いは増した。清子はある地方へ折伏に行った帰りの列車で、闇市《やみいち》で稼《かせ》ぐ「ヤミ屋」と知り合いになり、そのまま自宅に招《まね》き弘教したこともある。

正信のもとに、戦争で焼けた鉄工所を再建する話が舞い込んだ。

〈中華そば店をつづけるか、事業を始めるか、笹木さんは迷った。そして戸田先生に相談した。

「成功すれば何十億という財《ざい》をなそう。事業家として名を残すか、私とともに広布《こうふ》の道に生きぬくか、判断は君にゆだねる」

笹木さんはなんの逡巡《しゅんじゅん》もなく、後者の道をみずからの意思で選んだ〉（前掲『忘れ得ぬ同志』）

本郷の店の隣にあった物置《ものおき》に手を加え、六畳二間《ろくじょうふたま》の平屋《ひらや》を建てた。その小さな部屋が、数年後には本郷支部の拠点《きょてん》になり、全国各地から人が集まるようになることを、正信も清子もまだ知らない。

＊

「上野の地下道」「闇市」――これらの言葉に宿《やど》る敗戦の混乱を、池田は小説『人間革命』でくわしく描いている（第二巻「車軸」の章）。

〈……当時を生き抜いた人なら、誰の胸にも、恥《はじ》も外聞《がいぶん》もない最悪の生活に追いまくられた記憶が、まざまざと、よみがえってくるであろう。

東京・上野の地下道にたむろしている多数の戦災孤児《せんさいこじ》、あちこちの闇市の喧噪《けんそう》、道ゆく人の骨《ほね》ばった青い顔、うつろな眼――人びとは、皆、刹那《せつな》主義、利己《りこ》主義に陥《おちい》り、雄々《おお》しい再建の息吹《いぶき》などは、見いだすことはできなかった。
日本国中どこにも、楽土《らくど》といえるところはなかった。ただ、闇成金《やみなりきん》だけが、幅《はば》をきかしていた。いかに人心《じんしん》が変わりやすいものであるかを、この時代ほど見せつけられたことはなかったのである〉

敗戦の年からの数年間、国鉄・上野駅の地下道には、家を失った数千人の人々が寝起《ねお》きしていた。家を失った戦災孤児も多く、「駅の子」と呼ばれた。毎日のように餓死者《がししゃ》が出た。物乞《ものご》い、モク（タバコ）拾《ひろ》い、スリ、食べるために手段を選ぶ余裕などなかった。

多くの人々が〈闇米《やみごめ》を、たとえ非合法《ひごうほう》手段によってでも買わなければ、死ぬよりほかはない。まさに一億総闇屋《いちおくそうやみや》という時代〉を生きていた。

〈食糧の配給は、全国的に遅れて、国民は日常的に飢餓《きが》状態にあった。

東京・上野の地下道にごろ寝する人々（1948年）©毎日新聞社

……不足する米の配給を補《おぎな》うために、サツマイモやジャガイモ、果てはサツマイモの茎《くき》を粉末《ふんまつ》にしたものまで、配給量に入れられた〉

〈特に言えることは、戦争を勃発《ぼっぱつ》させた指導者は、大人たちであったということである。子どもには罪《つみ》はない。食べたい盛《さか》りの子どもたちのことを思う時、大人は、この悲惨《ひさん》を阻止《そし》する責務があると痛感する〉

〈衣料《いりょう》も同じであった。戦時中に配給されたスフは、すぐ、よれよれになり、下着一枚が、実に貴重《きちょう》であった。フロックコートの上衣にカーキ色の兵隊ズボンの男性、セーターにもんぺをはいた下駄履《げたば》きの女性……。そんな姿で、東京・丸《まる》の内《うち》の会社に出勤している人もいたのである。

だが、誰もおかしく思う人はない。思い思いに工夫した服装は、極《きわ》めて独創的《どくそうてき》な組み合わせになっていた。この時代くらい、服装というものが、皮肉《ひにく》にも画一化《かくいつか》を免《まぬか》れ、気兼《きが》ねせずに自由であったことはないであろう〉

〈戦争は、より多く女性が苦しみ、より多く女性が悲しむのである。女性を守るためにも、絶対に戦争は避《さ》けなければならぬ。このことは、平和な時にこそ、声を大にして叫ぶべきであった〉

一人でも、求める人がいれば全力を

池田は敗戦直後の人々の「衣《い》」と「食《しょく》」に言及し、さらに「住《じゅう》」にも触れた。

〈住宅難も、言語に絶《ぜつ》した。当時の都会は、戦災や強制疎開《きょうせいそかい》で家を失った人や、復員兵《ふくいんへい》、引き揚げ者など、住居のない人で、ひしめき合っていたのである。

やむなく防空壕《ぼうくうごう》の住居や、焼けトタンで作った雨漏《あまも》りのする家に住み、およそ文明とは懸《か》け離《はな》れた暮らしをしている人たちが数多くいた。

彼らの家では、六畳に老若男女《ろうにゃくなんにょ》が十人も雑居《ざっきょ》したり、四畳半に六人もの人が住んでいることも珍しくなかった〉

列車で移動するにも乗車制限があった。切符《きっぷ》売り場は長蛇《ちょうだ》の列である。〈……切符を手に入れるまでの時間の方が、乗車時間より、はるかに長い場合もあったのである〉。

〈このような状態のなかで、戸田城聖とその門下生は、講義に通い、各所で座談会を開催し、折伏に飛び歩き、さらには地方指導にも参加した。こうした実践は、極めて至難《しなん》なことであったにちがいない。どんなに勇気と努力と、はたまた強い信念とを必要としたことであろうか。おそらく今日《こんにち》の時点では、誰も想像できないほどの困難なことであったろう〉（同）

学会員からの質問に答える戸田。貧しさや病気の悩みなど、途切れることのない切実な声に、戸田は耳を傾け励まし続けた（1956年11月、静岡・富士宮市）©Seikyo Shimbun

＊

星生《せいりゅう》八重子は、向島《むこうじま》支部の婦人部（当時）の一人だった。西神田の学会本部で行われる戸田の講義に、欠かさず通った。

〈向島からの交通費は当時、二十円だったと思います。向島から錦糸《きんし》町《ちょう》まで歩けば、あとは十円ですみました。……私は小一里《こいちり》（四キロ弱＝編集部注）はある錦糸町の駅まで、よく歩いたものでした〉（星生八重子の手記、『この日ありて　広布に生きる母の記録』所収、聖教新聞社）

一九五〇年（昭和二十五年）の夏、戦後の混乱がまだ続く中、戸田の事業が破綻《はたん》し、戸田は創価学会の理事長《りじちょう》職《しょく》を退《しりぞ》くことになる。

〈事業の清算事務《せいさんじむ》に追われる大変な苦闘《くとう》のなかで、なお戸田前会長はわずかな隙《すき》をみつけて講義を続けてくださいました。それもいつしか、ほんの五、六人の受講者《じゅこうしゃ》となってしまったことがありました〉（同）

それは、戸田と池田が最も苦しんだ時期だった。八重子は、講義が終わった後に戸田が話した譬《たと》え話を書き残している。

——一人の求道者《きゅうどうしゃ》がいた。彼はある人に教えを乞《こ》うた。すると「一〇〇〇人の聴衆《ちょうしゅう》を集めたら講義をしてあげよう」と言われた。彼は約束して帰ったが、当日会場に行ってみると、彼一人しかいなかった。教える人は「約束が違う」と彼を責《せ》めた。

彼は、そこに並んでいる一〇〇〇個のコケシ人形を指さしていった。「どんな高邁《こうまい》な教えでも、求める心、聴《き》く心がない人ならば、このコケシ人形と同じでしょう。本当に求める人のためにこそ、教えを説《と》くべきです」と——

戸田はこう続けた。

「私は、たとえ一人でも求める諸君のために全力を尽くす」「私は地獄《じごく》に落ちても平気だ。その時は地獄の衆生《しゅじょう》を折伏して寂光土《じゃっこうど》とする。しかし、信心の弱い君たちのことを考えると心配だ」

逆境《ぎゃっきょう》に陥《おちい》ってもなお、たとえ集まった人がたった一人でも、力《ちから》を尽くそう。その〝求める一人〟が偉大なのだから——八重子は戸田の話を聞いて「体中がうちふるえるような」衝撃《しょうげき》を受けた。帰りの総武《そうぶ》線の車中でも、戸田の言葉が耳の中に響《ひび》いていた。

「苦労の尊さを知ることは幸福の直道《じきどう》なんです」

八重子は長年、婦人部のリーダーとして歩き続けた。都内のある学会員宅を訪ねた時のことである。その家族は畳《たたみ》を買うお金がなく、炭俵《すみだわら》に使う俵を、畳の代わりに敷《し》いていた。でこぼこで、けばだった俵である。座るとすぐ靴下《くつした》に穴があいてしまう。八重子は家族の悩みを真剣に聞き、励ました。

日本社会は「高度経済成長」の波に乗っていた。しかし学会のリーダーがふだん接する人々には、波に乗れない人も多かった。失敗もあった。不運もあった。学会の中には、苦しみに沈《しず》む人に寄《よ》り添《そ》い、自分がぶつかった現実を「宿命《しゅくめい》」ととらえ、未来を変える力に「転換《てんかん》」するネットワークが動き続けていた。

今、社会で何が起きているのか。戸田の後を継《つ》ぎ、第三代会長になった池田のもとには経済《けいざい》苦《く》、家庭の不和《ふわ》、病魔《びょうま》との闘《たたか》い……全国から数多くの報告が際限《さいげん》なく届いた。貧しさに苦しんでいる家がまだまだあります――八重子もまた、家庭訪問の印象を池田に伝えた。

「大変な生活をしている人たちのことを、知ることだ」。池田は八重子に語った。

「苦労を知ることだ。苦労を知らない人生と、苦労を知った人生とでは、深さがまったく違う」

「婦人部は、広布の世界で苦労するんだ。苦労している人の心を知りなさい。苦労の尊さを知ることは幸福の直道《じきどう》なんです」

池田が第三代会長に就いた年、八重子の夫である務は、関東第二総支部の総支部長になった。池田はその結成大会で、次のように励ましている（一九六〇年九月）。

「……どうしても、一生にわたる信心の途中において、なんとなく感激がなくなり、なんとなく行き詰まり、活動することも元気がなくなっていくような人がおりますし、そういう時もあります。

私も過去において、何度もございました。なんら皆さんと変わりはございません。そのときには私は、私なりに発見したことは、行

東京体育館で開催された関東第３総支部の結成大会で指導する池田。このとき関東は５総支部体制となり、池田は約2週間でそれらすべての結成大会に出席し、さらなる対話の拡大を訴えた（1960年9月）
©Seikyo Shimbun

き詰まった時に『よし、自分は今年はこのように御書を一ページずつ読もう』、また『今年は、自分は題目を何遍《なんべん》、一年間唱えよう』、また『幾《いく》日間、自分は朝何時に起きて、しっかり勤行《ごんぎょう》しきって、いろいろな本を読もう』、また『ある時には、後輩とうんと会って、人材教育に何か月間がんばろう』というふうに、行き詰まった時に、必ず、自分自身が一つの発心《ほっしん》をして、目標を立てて、その目標に勇《いさ》んで進んでまいりました。必ず、そのところに大きな打開、それから希望が湧《わ》いてきたことは私の体験です。

これは私の一つの体験でありますが、皆さん方も、そういうようなことがあったならば、なんらかの一つの目標を立てるなり、新たなる発心をして、そして大きな宿命転換の仏道修行《ぶつどうしゅぎょう》をしきっていただきたいと切望《せつぼう》いたします」

心をみる眼《め》

笹木夫妻が開いた「ふじや」は繁盛《はんじょう》した。二人は本郷支部の初代支部長、婦人部長（当時）になり、全国に班ができ、地区ができた。

東京で大きな会合があると、本郷支部の人々は関東や東北などから上野駅に向かった。「明け方に上野駅で降りて、松坂屋の前を通って、湯島《ゆしま》の坂を上って二、三十分歩くと、都電《とでん》通りの本郷三丁目に『ふじや』がありました」（笹木澄子）。

「ふじや」はどこですかと尋ねられ、道案内をする交番《こうばん》の巡査《じゅんさ》にとっても、すっかりなじみの場所になった。

支部の人々は米や豆など、それぞれの地元の産物《さんぶつ》を持ち寄った。食事代の代わりである。笹木夫妻は作りたての朝食や味噌汁《みそしる》を振る舞った。

六畳二間の拠点に、戸田が御書講義に訪れたことも度々《たびたび》あった。

「会合が終わったら、両親は戸田先生を送るために本郷三丁目から御茶ノ水《おちゃのみず》駅まで、三十分ほど歩くんです。戸田先生は『タクシーを呼んじゃいけないよ』と。『御茶ノ水まで歩いていくと、それだけ話ができるだろう』とおっしゃって、その間、支部の報告や相談を聞いてくださったんです。

御茶ノ水駅で入場券を買ってホームまで見送りに行くと、混《こ》んだ車内からガラス窓をトントンと叩《たた》いて、ここにいるよと合図されました。ガラスに顔をすりつけるようにして『がんばりなさい。御本尊様《ごほんぞんさま》の功徳《くどく》は絶対です。信心は生涯続けるんですよ』と、最後まで励まされました」（笹木澄子）

*

澄子は小学生だったが、西神田でも、本部が信濃町《しなのまち》に移っても、会長の戸田が自《みずか》ら子どもたちの相手をしてくれたことを覚えている。

「大人の会合は退屈《たいくつ》ですから、同じくらいの年の子どもだけで別の部屋に集まって、座談会や体験発表の真似《まね》をするんですよ。たしか第三日曜に子どもだけで信濃町まで勤行《ごんぎよう》をしに行っていました。

　ある日、戸田先生から『私の部屋にいらっしゃい』と呼ばれて、『今日は何しに来たの？』と。私たちが『勤行をしに来ました』と言うと、一人ずつ握手をされて、御書を読んで、親が学会活動に出ている時のお留守番《るすばん》の意味を教わったり、一人ひとりの顔をのぞきこんで『将来は何になりたいかね』と聞いてくださったり。にらめっこをしたこともありました」

「『山は白銀《しろがね》、朝日を浴びて』から始まる『スキー』の歌を、替《か》え歌にして皆で歌ったら、戸田先生はすごく喜んでニコニコされていました」

　子どもたちが歌い終わった後、戸田は「先生は、目《め》は悪いが、心をみる眼《め》を持っている」と言った。その一言が今も忘れられないと澄子は述懐《じゆつかい》する。

〈笹木さんはやがて本郷から小石川《こいしかわ》へ。家を購入《こうにゆう》され新しい店を構えた。福運輝《ふくうんかがや》く人生の春を満喫《まんきつ》されていたころ、憎《にく》い病魔が笹木さんをむしばんでいった〉（前掲『忘れ得ぬ同志』）

　正信は四十九歳でこの世を去った。池田は〈信念の十五年――。いっさいの名聞名利《みようもんみようり》もなく広布を主題として生きた戸田先生の、そしてさらに私の忘れ得《え》ぬ尊き同志である〉と綴《つづ》っている。

　池田は正信の通夜《つや》にも、告別式《こくべつしき》にも、一周忌《いつしゆうき》にも訪れた。通夜の日のことを、澄子は鮮明《せんめい》に覚えている。

「池田先生は私に『お父さんは疲れたから、三年くらい休ませてあげてね』と言われました。それから一年後に私は結婚し、父の死から三年後、父の誕生日と同じ日に娘が生まれたんです」

〝生きのびたのは奇跡というほかはない〟

戸田城聖は戦前、三十歳で一〇〇万部を超えるロングセラー『推理式指導算術《すいりしきしどうさんじゅつ》』を著《あらわ》し、時習学館《じしゅうがっかん》の授業で子どもの人気を一身に集めた。笹木澄子が述懐するように、獄中闘争《ごくちゅうとうそう》の後、創価学会に集《つど》った子どもたちにもあふれる愛情を注《そそ》いだ。

子どものための雑誌をつくるため、戸田が若き池田に伝えた心は「戦争の時代」から一貫して変わらないものだった。そのことを雄弁《ゆうべん》に物語る研究がある。

高崎隆治《りゅうじ》は「戦争の時代の文学」「戦争の時代のジャーナリズム」の研究に生涯を捧《ささ》げた一人である。

太平洋戦争に学徒兵《がくとへい》として動員された。そのわずか五年後、朝鮮戦争が起きた。

「あの戦争（太平洋戦争＝編集部注）は、一体、何であったのか、振り返る必要がありはしないか。戦争に対する、自分の態度、考え方を、きちんとしておかないと、これは大変なことになるかも知れない」（二〇〇一年、創価大学での講演）と考え、高校教師として働きながら「戦争と言論」の歴史を調べ始めた。

こつこつと戦中の文献《ぶんけん》を集めているうちに、〈生きのびたのは奇跡というほかはない〉（※1）という雑誌に出合う。一九四〇年（昭和十五年）に創刊された「小学生日本」。編集長は「戸田城外《じょうがい》」——のちの戸田城聖である。

まず高崎は、その「創刊のタイミング」に目を見張った。

「小学生日本」の読者は、「サクラ読本」と呼ばれる、軍国主義《ぐんこくしゅぎ》に染め抜かれた教科書を使い始めた世代だった（一九三三年＝昭和八年から使用）。

〈ススメ　ススメ　ヘイタイ　ススメ〉と、命令口調《めいれいくちょう》を教える教科書である。

また、それまでの教科書は『古事記《こじき》』や『日本書紀《にほんしょき》』について〝神話《しんわ》は神話である〟〝事実ではない〟と教えていた。しかし、「サクラ読本」は〝神話は事実だ〟と教えた。子どもたちが受けた影響は甚大《じんだい》だった。

戸田は、「神話は事実だ」と信じ込まされた子どもたちを相手に〈子供の視野《しや》を、可能なかぎり全世界に向けて拡《ひろ》げさせようとする願い〉（※2）を込めて雑誌を創刊した。

紙が足りず、〈「不急不要《ふきゅうふよう》」の雑誌は当局から廃刊《はいかん》や縮小が強要されていた〉（※3）。そもそも〈原則として、創刊雑誌を認めず〉（昭和十六年の『雑誌年鑑』）という厳しい時代だった。

高崎は、手に入るすべての「小学生日本」を読み込んだ。そして、他のどこでもない、池田が創立した創価大学で、繰り返し「闘《たたか》う言論」の意味を語った。

「理想を高く掲《かか》げれば掲げるほど現実を鋭く批判できるのです」

「小学生日本」の創刊号。戸田はその冒頭に、時局向きの記事を三本載せた。執筆者の一人は海軍少佐。どの雑誌に紙を渡すかを決める、内閣直属《ないかくちょくぞく》の「用紙統制《とうせい》委員会」のメンバーだった。

そして戸田は、それらの記事の後に「戦争の匂《にお》いが全くない」記事を載せている。

「最初の三つは、実質的には、非常に短いんです。大変に短い」「それに比べて、後の方はそれぞれが、かなりの長さを持った文章となっています」（二〇〇一年の創大での講演）

一歩間違えば雑誌が「発禁《はっきん》」になり、経済的にも追い詰められ、わが身が牢獄《ろうごく》に囚《とら》われてしまう軍国《ぐんこく》主義の時代である。その危険の中で、戸田は雑誌をつくり始めた。

「……相当に考えたやり方だと思います。その証拠に、二号、三号、四号と次々と出していく過程《かてい》で、だんだん時局向きの記事が無くなってくる。四冊目辺《あた》りになると何も無くなる。この辺《へん》が、戸田城外の本当の心、抵抗精神《ていこうせいしん》の表われではなかったかと思います」（同）

高崎は法政大学で「戦争文学」を、立教大学で「戦時下のジャーナリズム」を教えてきた。在野《ざいや》の立場を貫き、国立国会図書館からも資料の問い合わせがくる、その道の権威《けんい》である。同時代の雑誌を丹念《たんねん》に読み比べて、初めて見えてくる真実があった。突き抜けた戸田のセンスに高崎は脱帽《だつぼう》する。戸田は一貫《いっかん》して〈戦争とはどこの国の話かという編集態度をとりつづけた〉（※2）のである。

　戦争中、子ども向けの雑誌には講談社の「少年倶楽部《くらぶ》」「少女倶楽部」、小学館の「少国民の友」、朝日新聞社の「週刊少国民」などがあった。

「それらのどれと比べても、『小学生日本』は、当時の戦争から最も遠く距離を置いている」（二〇〇一年の創大での講演）

〈『小学生日本』は普通の雑誌とはまったく逆の方向に進み出て、むしろ平和志向をテーマに打ち出したのである〉〈教師にとっての子供は抑圧《よくあつ》の対象でしかなかった時代に、『小学生日本』は明らかに学校とは異《こと》なる教育理念によって編集されていたと思われる。私の調べたかぎり、戦時下《せんじか》にこういう雑誌はない〉（※1）

　巻頭言《かんとうげん》や編集後記《へんしゅうこうき》で、自主性を持てと繰り返している点も目を引いた。やがて高崎は、戸田の師は牧口常三郎《つねさぶろう》（創価学会初代会長）であることを知る。そして牧口と戸田は、教育の目的は「国家の繁栄《はんえい》」ではなく、「児童の幸福」である、と掲《かか》げていた事実を知る。

＊

　戸田は「小学生日本」で「五少年の世界一周」という小説を連載し、アメリカの文化を紹介した。イギリスの教科書に載っている読み物を翻訳《ほんやく》し、イギリスで空襲に遭《あ》う子たちの身を心

戸田が経営する出版社が発行していた月刊学習雑誌「小学生日本」。1940年（昭和15年）1月に5年生向けが、4月に6年生向けが創刊された ©Seikyo Shimbun

配する巻頭言を書いた。言うまでもなく、アメリカもイギリスも、まもなく日本にとって敵となり、「鬼畜米英《きちくべいえい》」と蔑《さげす》むようになる国である。

ある小説では、日中戦争の帰還兵《きかんへい》に「戦争って、お前たちが考えているような、おとぎばなしみたいに花々《はなばな》しいものじゃないんだよ」と語らせた。

タイトルの変わった「小国民日本」で「護《まも》れ大空」という特集を組んだ時は、空襲からわが身を守る心構えを書いた。これは、日本軍がハワイの真珠湾《しんじゆわん》に奇襲をかける数カ月前に考えられた企画である。〈私の調べたかぎり、この時期の少年少女雑誌でこういう特集を企《くわだ》てた雑誌は他に一誌もない〉（※3）。

太平洋戦争の開戦から五カ月後――戸田の雑誌は廃刊になる。池田は戸田の無念《むねん》に触《ふ》れ、〈ますます厳しくなる統制下《とうせいか》で、当局の意図通《いとどお》りに戦争を讃美《さんび》し、死に急ぐことを煽《あお》り立てる雑誌を作ることより、廃刊の道を彼は選んだのだ〉と綴っている（小説『新・人間革命』第一巻「慈光」の章）。

　高崎は創価大学で十回近く講演し、学生と懇談《こんだん》した。繰り返し「理想を持て」「現実を見よ」と訴えた。

　二〇〇三年から二〇〇四年にかけては、三度にわたるロングインタビューに応じた。

「戦時中、ストレートに物を言うことは不可能なのです。人間の信条を変えてしまうほど、国家権力というのは強大な力《ちから》を持っているのです。だから、子どもや女性を含めた日本人が戦争に総動員《そうどういん》されて、その人たちは心から信じ込まされて戦争に協力したという現実を捉《とら》える必要があります」

「現実への批判は、現実によってできるものではありません。それは、私たちが理想を持つことで批判できるのです」

「最高の理想は『平和』です。したがって、その理想を高く掲げれば掲げるほど、現実を鋭く批判できるのです。低い理想では、現実への批判がぬるくなってしまいます」（『創価大学学生平和論集』第三集、創価大学学生自治会発行、二〇〇五年）

「こどもの日」の記念行事に参加し、笑顔で語りかける池田（1973年5月、東京・文京区）。池田は一貫して、〝未来の使者〟たちを見守り、励ましを送ってきた ©Seikyo Shimbun

自分自身が脱皮《だっぴ》していかなければ

「戸田城聖が刑務所から出たのは一九四五（昭和二十）年七月です。その後の（日本の敗戦までの＝編集部注）ひと月は、一人で戦ったと私は思いますよ。味方はいなかっただろうと思います。なぜなら、迂闊《うかつ》に戸田城聖に声をかけると、『戸田の仲間だと思われて捕《つか》まるのではないか』と感じていたでしょうから。

　だから、私がどうしても言いたいのは、あの戦争下、戸田城聖は『どうすれば国家権力に殺されないで、自分の思想、信念を一般の国民に伝えていけるか』ということを毎日毎晩、考え続けたということです。

それを理解しないと、戸田城聖の戦後の再出発《さいしゅっぱつ》が分からないと思います」
「最近、私はよく考えるのですが、池田名誉会長は本当に偉い人ですね。戸田城聖から教わったことを100パーセント以上と言えるほど正確に受け継いで、今の創価学会を作り上げたと私は思います。だから、私は池田名誉会長の言動を見て、『戸田城聖はこういうことを教えたんだな』と考えるようになりました。教わったことを忠実すぎるほど守っています。
自分の先生の言われたことをそこまで正確に行動に移せるものなのかと、私は感心します。『人間革命』などを読むと、それがよく分かりますね」（同）

二十一歳の池田は「少年日本」の編集長として、GHQ（連合国軍総司令部）の検閲《けんえつ》下《か》にもかかわらず、核兵器《かくへいき》の悲惨を正面から訴える小説「原子野《げんしの》の花」を掲載した（第七章に詳述）。その際の編集方針をみても、時の権力による検閲をくぐり抜け、己の信条を貫く智慧《ちえ》が、戸田から池田に受け継がれていることがわかる。

ある年の秋、創大生から差し出された色紙に、高崎隆治は次のように書いた。

〈その人の生涯が
美しくあるためには、
その人生は
戦いの歴史でなければならぬ〉

彼が集めた六〇〇〇〇冊を超える雑誌群は、「戦争の時代」の不条理《ふじょうり》と、「メディアの暴力」の歴史を、今に伝える。それらの蔵書《ぞうしょ》はすべて創価大学に寄贈《きぞう》された。

*

太平洋戦争が終わり、出獄《しゅつごく》した戸田城聖は、創価学会の再建を手がけるとともに、子ども向けの雑誌「冒険少年」をつくりはじめた。

池田の小説『人間革命』で、戸田は雑誌づくりの苦労について語っている。

〈雑誌の編集は、まず体力だからな。時間は不規則《ふきそく》だし、神経はイライラするし、締《し》め切《き》りには追っかけられるし、結局は体力で押し切る仕事になってしまう〉（第三巻「結実」の章）

〈雑誌の編集というのは、毎月、自分自身が脱皮《だっぴ》していかなければ、すぐマンネリズムに陥《おちい》ってしまう。ぼくは雑誌をやっているから、それがよくわかる〉（第四巻「生命の庭」の章）

ある号の「冒険少年」に、「万有引力《ばんゆういんりょく》の法則」を発見したニュートンの短い伝記が載っている（一九四八年十一月号）。

著者の牛田寛《ひろし》は、東京都立大学で物理学を研究していた。三年後、創価学会の初代男子部長に就任する。

池田とともに、「青年部」の土台を築《きず》いた一人である。

※1＝「潮」一九九五年五月号
※2＝「第三文明」一九八四年十二月号
※3＝「第三文明」一九八四年七月号

「識者の声」

原　武史／小川哲生／藤村寿美雄

それまでの価値観が崩壊し、多くの人びとが拠《よ》り所《どころ》を失った時代に創価学会は庶民のあいだで広がっていった。池田大作ＳＧＩ（創価学会インタナショナル）会長はさまざまな形で同志を励まし、生きる希望、学ぶ喜びを伝えていった。創価学会の民衆運動を識者はどう見るのか。

戦後社会に「仏法民主主義」を提供。

原　武史
政治学者、放送大学教授

敗戦で生じた巨大な精神的空白

なぜ一九五〇年代から六〇年代にかけて、創価学会の信者が爆発的に増えたのか――それは、戦後日本の政治思想史を考えるうえでも重要なテーマの一つだと、私は以前から考えていた。今回、「潮」で連載されている「民衆こそ王者」の「未来に生きる人篇」を読むことで、その思いはいっそう強まった。

ただ、政治学者にとって、「戦後政治思想史の中の創価学会」というテーマは、扱いが難しい面もある。学問的検証には客観的・実証的な分析が不可欠《ふかけつ》なので、当事者の言葉だけを鵜呑《うの》みにするわけにはいかない。さりとて、創価学会をいわゆる〝敵視〟する人間の言葉のみを同じく鵜呑みにするわけにもいかない。何を基準として研究をしたらよいのかという座標軸《ざひょうじく》が見えにくいのだ。

そのように、強い関心がありつつ、近寄り難い面もあった戦後の創価学会だが、「民衆こそ王者」のなかで綴《つづ》られている数多くの証言は、大変興味深く読むことができた。

今回取り上げる「未来に生きる人篇」の後半部分（⑬〜㉔、単行本第十七、十八巻に収録）に描かれているのは、主に一九五〇年代。創価学会は戦後に再建されてから第二の黎明期《れいめいき》を迎えていた。池田大作第三代会長がまだ若者で、戸田城聖第二代会長に付き従って布教に邁進《まいしん》していく様子が活写されている。

池田氏自身も大田区の小さな借家で暮らし、多くの会員も経済的に苦しい生活を送っていた。池田氏が勤めていた戸田会長の事務所は新宿・百人町《ひやくにんちよう》の線路近くにあり、そこでは山手線や中央線の電車がガタガタとひっきりなしに音を立てていたという。そうした時代に庶民が何に悩みどういう生活を営《いとな》んでいたかが具体的に描かれている。

それは、我々のような学者が史料に基づいて研究し、頭でわかったつもりになっているだけでは決して見えてこない世界だ。こうした生の人間の内実に入っていくような話を、数値や数量で分析したところで、果たして本当に対象を捉えたことになるのかという素朴《そぼく》な疑問《ぎもん》をぬぐい去ることはできないだろう。

当時は敗戦によって日本社会の仕組みが根本的に変わったばかりの時代である。たとえば、敗戦まであった徴兵制《ちようへいせい》は、農家の次男や三男といった〝継ぐべき家を持たない者〟にも生活を保障するという点で、ある種の平等原理に支えられていた。その仕組みが消滅したことで、家の跡継ぎではない青年が都会に出てきても、何の保障も足場もない状態に置かれることになった。

これはほんの一例だが、敗戦後の日本では戦前までの価値観が崩壊したことに伴い、巨大な精神的空白のようなものが生じた。その空白を埋《う》めるように、戦後多くの新宗教が勃興《ぼっこう》する。創価学会もその一つである。ただ、戸田会長の時代に信者数を七十五万世帯に増やすことを目標とした学会は、他の既成宗教・新宗教と比べて戦闘的であるとともに非常に革新的であった。なぜなら、一般の仏教教団に広く共通する、立派な寺院や偉そうな僧侶などという権威的イメージがまったくなかったからだ。座談会や御書講義も小さな庶民の家で行われ、社会的地位や肩書きとは関係なく、会員はみな平等であるというあり方――それは、日本の都市部が一面の焼け野原となり、これからの日本がどうなるかもわからない時代に、「仏法民主主義」と呼ぶべき新たな思想を提供したのだと思う。

また、「民衆こそ王者」で描かれる若き池田氏のふるまいを見て、私が想起したのは、荻生《おぎゅう》徂徠《そらい》（江戸時代の儒学者《じゅがくしゃ》）が『弁名《べんめい》』という著作の中で述べた「礼楽《れいがく》」の解説だ。「礼楽」は儒教の概念で、「刑政《けいせい》」とセットで語られる。国家を統治するために必要な基本要素を、四字に集約した言葉だ。「礼楽」は儀礼と音楽、「刑政」は刑罰と法律のことだが、平たくいえば、「礼楽」は言葉によらないソフトパワーの統治、「刑政」は言葉によるハードパワーの統治ということになるだろう。

荻生徂徠は二つを対比して、「礼楽」による統治のほうが優れていると述べている。なぜなら、言葉による統治は相手によって理解の程度の差が出てくるが、儀礼や音楽による統治はそうではなく、知らず知らずのうちに全員が感化されてしまうからだ、と……。

若き日の池田氏が発揮《はっき》したリーダーシップも、「礼楽」に近いものだった気がする。もちろん、御書講義などは言葉で人々に働きかけるわけだが、それにインパクトを受けた当時の人々は、内容をすべて理解できたわけではなく、むしろ池田氏の身振りや題目《だいもく》を唱える声の響きのほうに感化されたのではないだろうか。そこには音楽を聴くような心地よさがあったのではないかと想像した。

〝民衆教育団体〟としての創価学会

池田氏が初期の活動の主な拠点としたのが大田区の蒲田《かまた》や横浜市の鶴見《つるみ》だったように、戦後の創価学会はまず都市部の労働者層に大きく浸透していった。そこには地方の農村のような強固な共同体もなく、空襲被害も激しかっただけにいっそう大きな精神的空白が生じていたのだ。

地方から都市部にやってきて、労働組合にも入らず、人的ネットワークを持たずに根無し草のような状態に置かれた人たち……その人たちを精神的に救済し、生きる勇気と希望を与えていったのが創価学会であったことが、「民衆こそ王者」を読むとよくわかる。

今回、改めて感じたのは、創価学会が〝民衆教育団体〟として果たした役割の大きさだ。戦後に教育基本法ができ、男女を問わず中学校までが義務教育になって、基本的人権としての教育を受ける権利が大きくクローズアップされた。そのことから、日本全体で知への欲求、つまり「学びたい」という意欲が高まったのが、戦後間もないこの時代だった。

しかし、そのときすでに成人していた人たちの中には、「自分は運が悪かった。いま子どもだったらまともな教育が受けられたのに……」と忸怩《じくじ》たる思いを抱いたまま、働いていた人も多かったと思う。

そうした人たちが創価学会に入会して、日蓮《にちれん》の御書を学ぶなどの学習に励んでいったとき、それは信仰活動としての意義のみならず、漢字が読み書きできるようになるといった副次的な意義も大きかったのではないだろうか。

「民衆こそ王者」を読むと、池田氏は講義や指導の中で経典《きょうてん》の話だけをしているわけではなく、世界の文学などにも幅広く言及している。学会活動は、教養を身につけるための場にもなっていたのだ。つまり、敗戦後の混乱期に、庶民の「学びたい」という意欲に創価学会が応えていた面もある。

しかも、ただたんに知識を注入するということではなく、倫理《りんり》教育としての側面も併せ持っていた。「教育勅語」は敗戦とともに失効となり、アメリカ的な民主主義教育に切り替わったが、戦前までの教育勅語に象徴される天皇制教育に代わるべき倫理教育は確立されず、〝成績のいい子が偉い〟というような功利《こうり》主義に取って代わられてしまった。そうした中、人々に道徳の基盤を与えるという役割を、創価学会がある意味で代行していた気がするのだ。

また、他の日蓮系教団と創価学会を比較すると、日蓮の御書の中で、漢文で記された論文だけではなく信徒に宛てた手紙（消息文《しょうそくぶん》）を重視してきた点が、学会の大きな特徴として挙げられるだろう。

それらは平仮名が多用された比較的平易な内容が多く、〝庶民に日蓮の教えを伝えるためには、まずは手紙から入るほうがよい〟という判断もあったのだと推察《すいさつ》される。

日蓮は、法華経《ほけきょう》の前では性差や身分の区別などはなんら本質的な問題ではなく、法華経を受《じゅ》持《じ》する男性と女性を分け隔《へだ》ててはならないとした。だからこそ彼の手紙には、女性信徒に宛てた、あたたかい思いやりを感じさせるものが少なくない。そのような手紙類を重視したことも、創価学会が多くの女性を引きつけてきた要因の一つかもしれない。

日本の戦後史を概観《がいかん》すると、憲法で男女平等が謳《うた》われながら、政界、財界、官界、学界などを問わず、ずっと男性中心・男性主体で進んできたことは否《いな》めない。

その中にあって、創価学会は一貫して女性信徒を重んじ、彼女たちに光を当ててきた。また、学会組織は、当時の女性たちが自分の悩みを打ち明けられる数少ない場でもあったことが、「民衆こそ王者」を読むとわかる。そのことによって、いまよりもずっと虐《しいた》げられていた庶民の女性たちに、生きる勇気と希望を与えてきたのではないか。その点も、戦後の創価学会の躍進を読み解く鍵《かぎ》になると思われる。

創立者から受け継いだ
襷《たすき》を次世代へ繋ぐ使命。

小川哲生
明星大学元学長、名誉教授／明星学苑特別顧問

私学建学の苦闘に深い共感を覚えた

「民衆こそ王者――池田大作とその時代」の「希望をつなぐ人篇①〜⑥」（第一〜六章）を、じっくりと読ませていただきました。本篇は、創価大学（東京都八王子市）建学当初における創立者・池田大作先生と学生、教職員らとの交流を中心に描かれています。私も大学人・教育者として長く生きてきた身として、自らの体験に照《て》らして深い感慨《かんがい》を覚えました。

創価大学は本年（二〇二一年）創立五十周年の佳節《かせつ》を迎えられましたが、私が勤める明星《めいせい》大学（東京都日野市）は今年創立五十七年目です。創価大学と明星大学は、ほぼ同時代に緑豊かなこの多摩地域で設立された私立大学という共通点があります。

私が明星大学に奉職《ほうしょく》したのは、創立十年目のことです。当時、本学はまだ〝建設の途上〟であり、私も学部や大学院の設置などに直接携《たずさ》わりました。だからこそ、一から私立大学を創り上げること、創立者の理念を護《まも》っていくことの大変さは、身に染《し》みてよくわかります。

単なる「私塾」であれば個人の考え方や思想のみに基づき運営することもできますが、非常に公益性の大きい私立大学ではそういうわけにはいきません。その大学がどういう教育課程をもうけ、どんな教職員が運営の責任を担《にな》うのか行政の入念な審査《しんさ》を受け、また大学の主体となる法人が、運営していくに足る資産・財務状況であるかどうかもチェックされます。そもそも、文部科学大臣の認可を得なければ、開学や学部・学科の設置すらおぼつかないのです。私立大学を運営する上で起こりがちな問題として、そうした一般社会の様々な枠組みと創立者の理念をどのように擦《す》り合わせていくかという点があります。

教職員に関して言えば、優秀かつ創立精神とも深く共鳴《きょうめい》し合う人材を揃えられれば理想です。しかし現実には、ときに〝優秀ではあるが、創立者の思想への理解に乏《とぼ》しい〟という人も迎え入れ、その手腕に委《ゆだ》ねることもあります。しかし、それが行き過ぎてしまえば、創立者の掲《かか》げた理想が埋《う》もれてしまうことにもなりかねません。

「民衆こそ王者」でも、草創期の創価大学で教鞭《きょうべん》を執った大熊信行《おおくまのぶゆき》先生が、教授会において他大学での経験のみで議論を押し通そうとするある教授に対し「創立者の構想が最も大事です」とたしなめる場面がありましたが、本学でもそれに類似《るいじ》する出来事はよくありました。多くの私立大学がこうした課題に直面するなか、「民衆こそ王者」で描かれる創価大学設立当初の教職員の方々が創立者の構想を学内で具体化させていったご苦労は、とてもよくわかります。

本篇は創価大学中央図書館の開設をめぐる経緯《けいい》から始まり、それもかなりの紙数で描かれております。創立者の池田先生は同図書館に、約七万冊にも及ぶ個人蔵書を寄贈《きぞう》され、それは現在、「池田文庫」と名付けられ、学生たちに親しまれているとのことです。

その「池田文庫」の中身についてもこの章で紹介されていますが、それを見ると、社会科学、人文科学、自然科学など、非常に幅広い学問領域の本が含まれています。また、日本のものが中心というわけではなく、海外、とくに西洋の古典等も多いのです。池田先生はその幅広い知識と教養をもって、図書館という大学の知の中心部を築かれていったのだと、非常に感銘《かんめい》を受けました。

あくまで一般論ですが、宗教法人系の大学や学校は、その宗教に関係する分野に蔵書や各種資料が偏《かたよ》りがちな傾向があります。しかし、創価大学にはそうした偏りがありません。それは、創立者の幅広い教養の反映《はんえい》でもあるのだと思います。

創立者の理想をどう具現化するか

幼稚園から大学まで連《つら》なる明星学苑の歩みは、教育者の児玉《こだま》九十《くじゅう》先生が一九二三年に明星実務学校（現・明星中学校）を創立されたことに始まり、学苑としては明後年に創立一〇〇周年の節目を迎えます。私が奉職したとき、すでに古希《こき》を超えておられた九十先生がまだ明星大学の理事長・学長をされていました。

当時二回ほど、九十先生と二人きりでじっくりとお話を伺《うかが》う機会があり、二回とも、先生は自らの教育にかける信念について、それぞれ一時間以上もかけて、熱く語り続けておられました。その姿と言葉の一つひとつは、いまも私の心に鮮明《せんめい》に焼き付いています。

九十先生は、〝大上段に構えて国家や世界を論じるのではなく、まず自分の内面を見つめ、抱えている問題を自ら発見し、自ら解決していきなさい。それがひいては日本そして世界全体のためになっていくのだ〟ということをよく仰《おっしゃ》っていました。それは私自身の生き方にも、そしてのちに私が明星大学の第七代学長を務めたときにも、何かあったときに立ち還る原点となっていたように思います。

そして、同時に大切なことは、どんなに崇高《すうこう》な創立者の理想も、それを現実の大学運営の中に息づかせていかない限り、絵に描いた餅《もち》に終わるということです。これまで世の中には優れた思想家と呼ばれる人や特色ある私塾といったものはたくさんあったと思います。しかし、それが何十年、何百年という歴史を刻《きざ》み、今日まで私立大学あるいは私立学校という形で継続するためには、創立者の理念をきちんと受け継いで学校運営を成り立たせ、それを基《もと》に学生たちを教育する使命を見失わなかった後継者たちがいて初めて可能であると思います。

本学の場合、ともすれば理想主義に傾《かたむ》きがちであった九十先生に代わって、当時、大学運営の実務を取り仕切っていた九十先生の娘婿《むすめむこ》・児玉三夫《みつお》先生（明星大学第二代学長）の存在があります。

私は若き日から三夫先生のすぐそばに仕《つか》えておりましたので、その多大な貢献《こうけん》をよく知っています。大学の資金面でもまだまだ整っていなかった時代、三夫先生は他大学の教授を兼務《けんむ》し、本学に帰ってきては帳簿《ちょうぼ》をつけ、教職員の給料計算をしていました。私も傍《かたわ》らでそのお仕事を拝見《はいけん》しましたので、学校運営におけるお金の苦労というのは身に染みて理解しています。経営が立ち行かなくなれば、創立者が理想とする教育もできなくなってしまいます。「民衆こそ王者」を読みながら、当時、大変なご苦労のなかで実務を担った三夫先生の姿が思い起こされました。

創立者と同じ時代を生きていれば、直接言葉を聞き、行動を見ることができます。しかし、当然ですが人間の寿命には限りがあります。九十先生は長命で、一〇一歳で天寿《てんじゅ》を全《まっと》うされましたが、それでも一〇〇年です。世界を見渡せば創立から数百年経つ大学は数多くあります。大学は数百年にわたって、思想や理念を機関として後世に伝えていくことができるのです。

現代に伝わる聖書や仏典も、弟子たちが師の言行を見聞きして、長い時間をかけて後世に伝えていったものです。それぞれの時代に即しながらも普遍性《ふへんせい》をもつようにと、そこには弟子たちの苦闘があったはずです。

私たち私学の教職員も同じです。私は本学の教職員によく「大学の教職員というのは駅伝のランナーみたいなものだ」と話しています。つまり、最初のランナーが創立者で、代々の学長をはじめ各時代の教職員は、襷《たすき》を受け取って次の区間まで走り、次代の担い手に襷を渡していく。どこにゴールがあるのかはわかりませんが、自分に任された時代に大学が最高に輝《かがや》くように、全力で走る……それが教職員の使命だと私は思っているのです。

池田先生も、大学教育が一〇〇年先まで見据《みす》えて行うべき大業であることを、よく理解しておられるのだと思います。だからこそ、次代を託す教職員や学生たちを、手塩にかけて育ててこられたのでしょう。創立者の理想は、それを受け継ぐ人たちが陸続《りくぞく》と現れてこそ、少しずつ具現化されていくのですから。

共鳴する両氏の教育哲学

池田大作先生と児玉九十先生は、ともに「人間教育」という理念を掲げておられますが、私は両氏の教育哲学には共鳴するものがあると感じています。

池田先生の思想の基底には何より「平和」があり、創価大学の建学の精神にも「人類の平和を守るフォートレス（要塞《ようさい》）たれ」と記されています。それは、漫然《まんぜん》とした受け身でも単なる防御《ぼうぎょ》でもなく、アグレッシブに平和を広げていこうとする強い意志を想起《そうき》させます。

一方、九十先生は「和《わ》の精神のもと、世界に貢献する人を育成する」ということを建学の精神に据えられました。「和の精神」には様々な意味が込められておりますが、一つには、人間は周りと調和していかなければ生きていけないということがあります――そしてそれは、平和な世の中でなければ達成できないことなのです。

また、本学の立地は、富士山を見て育った静岡県出身の九十先生が、「富士の見える地にキャンパスを作りたい」という強い思いから定めたものです。それは雄大《ゆうだい》な富士の姿に、日本のそして人間の普遍的な意味を見出していたのだと思います。

以前に創価大学を訪問させて頂いた際、本部棟の小窓から富士山がとても美しく見えていたことをよく覚えておりますが、創価大学も富士山の存在を重視して設立されたであろうことが窺《うかが》えました。

どちらも富士山を望むこの多摩地域から人材養成を始め、そして創立当初からグローバル化を見据えて世界に学生たちを送り出していこうとされたのは両氏に共通する思いなのでしょう。

私個人と創価大学とのご縁について言えば、通信教育部が大きなきっかけでした。本学の通信教育部は一九六七年に開設され、一方、創価大学の通信教育部は七六年に開設されました。本学のほうがやや先行していたこともあって、創価大学から通信教育部の開設に先立ち、運営などについて本学へアドバイスを求めたいとのことでしたので、当時、主に私がその対応をさせて頂いたのです。

一般的に通信教育部は、大学開放の理念の一環として、経済的理由、地域的理由など、様々な要因によって大学教育を受けられなかった人たちに、社会人になってから大学教育を受ける機会を提供するものという目的をもって設置されます。

大学開放の役割は、しかし、これだけではありません。私は実際に教壇に立ち、様々な地域に住む様々な年代の方々に接するうち、彼らが私にとっての最大の先生になっていったのです。

自分がこれまで大学で学んできたことはなんと小さく、むしろ彼らから学ぶべきことのほうが、自分が教えることよりもはるかに大きいことを、肌でわかったのです。それは、これまでの教育観が一変するほどの衝撃《しょうげき》でした。

そうした経験を持つ身として、創価大学が今日まで通信教育を非常に重視されてこられたことに大きな敬意を表したいのです。

池田先生は学歴や社会的地位で人間を判断せず、まさに〝民衆こそ王者〟と称《たた》えておられます。私自身、社会の至る所に個性も能力もある優れた人がたくさんいて、そうした人々から学ぶことが何よりも重要だということが、通信教育に携わるなかで、本当にわかりました。

日本の私立大学の淵源《えんげん》を辿《たど》れば、江戸時代後期から盛んになった「私塾」に行きつきます。私塾や私立大学が勃興《ぼっこう》する時期というのは、時代の大きな転換点と重なります。松下村塾《しょうかそんじゅく》や適塾《てきじゅく》が生まれたのも幕末《ばくまつ》の動乱期であり、創価大学や明星大学が設立されたのも戦後の高度経済成長期です。それはそれぞれの時代で国や社会が抱えている課題をどのように解決していくか、あるいは自分が理想とする社会や国をどのように築いていくかという思索《しさく》がベースにあるのです。

世界では国立大学しか認めていないという国も多いなか、私学の隆盛《りゅうせい》がこの国の人材養成の多様性と豊かさを引き起こしてきたと思います。極論を言えば、私立大学は国がなくなっても残ります。もちろん、その前に経営上の理由などからなくなることもあるかもしれませんが(笑)。しかし、私立大学は時代という壁も、国という壁も乗り越え、世界に雄飛する力を秘めています。創立五〇〇年以上の世界の大学は全てそうした存在なのですから。

とはいえ、日本の大学のガラパゴス化が指摘される今日、創立者の理念を護りながらも、絶え間ない自己改革が求められるでしょう。本学も創価大学も数百年先に向かって走る駅伝のランナーです。創立者から受け継いだ襷を次世代に繋《つな》ぐ使命をこれからも共々に果たしていきたいと思います。

創立者の学生に対する深き思いに触れて。

藤村寿美雄

紀伊國屋書店勤務、
創価大学六期生

良いものは良い　悪いものは悪い

「潮」の連載「民衆こそ王者――池田大作とその時代」を拝読し、三月号（第一章）で綴《つづ》られていた、創価大学の開学に向けて図書の準備が行われていたというエピソードがまず印象に残りました。当時の文部省の審査は大変厳しく、関連図書や研究誌の所蔵が基準を満たしているか厳格にチェックされていました。記事でも、理科実験棟で、図書の準備や整理をしていたことが紹介されています。この図書の準備作業の支援をさせていただいたのが、紀伊國屋《きのくにや》書店でした。当時から図書のデータベースを有していたこともあり、準備にあたっていた大学職員の方が弊社に相談し、図書の目録の作成や納入にかかわらせていただいたと聞いています。

四月号（第二章）では創価学会が一九七四年から続ける、離島など僻地《へきち》を中心に学校や図書館に図書を贈呈する運動に言及されています。最初に贈呈する図書の選定についてご相談を受けたことが契機となり、第一回の沖縄県西表島《いりおもてじま》の竹富町《たけとみちょう》立大原中学校への贈呈から一貫して、紀伊國屋書店が選書から納品までのお手伝いを担《にな》ってまいりました。この図書贈呈にかかわってきたことは、弊社の誇りと言えるでしょう。

弊社と創価学会とのかかわりには、当時代表取締役専務を務め、のちに社長、会長兼ＣＥＯ（最高経営責任者）となる松原治《まつばらおさむ》の存在がありました。松原は生前、「良いものは良い。悪いものは悪い」という信念を披瀝《ひれき》しており、創価学会に対して定見《ていけん》をもっていました。「池田大作ブックフェア」を日本の書店で最初に開催したのも紀伊國屋書店本店です。嫌がらせの電話があっても「何を心配しているのか！　良いものは良いんだ。堂々とやれ」と松原は社員を励ましていました。

創価大学には一九九五年から「トップが語る現代経営」という講座が続いており、文字どおり日本を代表する企業のトップが登壇している人気講座だと伺っています。四月号では天童木《てんどうもっ》工《こう》の加藤昌宏《かとうまさひろ》社長が二〇一七年に講演された際の逸話が紹介されています。実はその講座の第一回に立ったのも、紀伊國屋書店の代表取締役社長になっていた松原でした。実際に創価大学の学生たちの前に立って感ずるものがあったのでしょう。その後、松原は、当時の全国銀行協会会長など自分の知己《ちき》の財界人に声をかけ、この講座が充実していくよう心を砕《くだ》いていたようです。こうした長年にわたるご縁から、松原は社として第一号となる、創価大学最高栄誉賞を受賞いたしました。

「池田文庫」の改装に携《たずさ》わる

私は創価大学の六期生で、中央図書館が竣工《しゅんこう》した年にちょうど在学していました。三月号で紹介されているとおり、竣工直後に行われた八期生の入学式で、創立者である池田先生は夏目漱石の『三四郎』にある図書館のシーンを踏まえて次のように語ります。

「諸君たちが、大いに学び、心身《しんしん》を鍛《きた》え、まだまだ若い創価大学の草創期《そうそうき》を双肩《そうけん》に担い、見事な、栄《は》えある伝統を培《つちか》っていく姿を思い描くたびに、私の胸には希望がわき上がってくるのであります」

この深いご期待に触れて、大変に感動したことを今も鮮明に覚えています。

在学中に中央図書館を利用した思い出はそう多くはありませんでしたが、その後、大きなご縁を結ぶことになります。卒業後、紀伊國屋書店に就職した私は、初めに実家のある北海道に赴任《ふにん》します。営業担当で、道内の図書館や大学の研究室を回り、学術書や海外の雑誌、洋書などの納入をしていました。七年が経《た》った頃、東京本社の新設部門へ異動の内示を受けます。その時期、大学の新設が急増しており、従来の図書の選定・納入だけでなく、設置申請業務の支援、設備や教室、図書館等の環境系の整備まで拡大した専門の部門が新たに設置されたのです。徐々にノウハウが蓄積《ちくせき》されていくなかで、課で始まったこの部門は部になり、のちに本部となっていきました。

三月、四月号には、池田先生が十五歳のときから集め、大切にしてきた約七万冊に上る蔵書のエピソードがありました。この蔵書は創価大学に寄贈され、「池田文庫」として中央図書館に収められています。実は二〇〇八年の「池田文庫」リニューアルオープンにあたって、改装のコーディネートを担ったのが弊社であり、私も担当の一員として携《たずさ》わらせていただいたのです。

図書館の〝宝〟というべき大切な蔵書の書庫を荘厳するため、最高の仕事をしようと社を挙げて取り組みました。完成した図書館のA書庫七層階の「池田文庫」では七万冊の蔵書が良好な状態で保存され、教員や学生たちが閲覧《えつらん》できるようになっています。また、同時に池田先生の全著作を、海外で翻訳・出版されているものを含めて取り揃《そろ》えた展示室「創立者著作コレクション」も図書館三階に設置しました。ありがたいことに、完成直後の入学式のスピーチで、先生は改装された「池田文庫」に触れてくださいました。

二〇一一年には、東京・小平にある創価高校に総合教育棟が竣工し、そこに蛍雪《けいせつ》図書館が新設されました。この折も空間づくりや什器《じゅうき》の整備も含めて弊社がお手伝いいたしました。創立者が未来を託された創価学園生のために最高の図書館をつくろうという思いで、私自身も真剣に取り組ませていただきました。

創価大学看護学部の白樺《しらかば》図書館のコーディネートをはじめ、このほかにも創価大学の図書事業に弊社はかかわらせていただいています。

私自身、こうした仕事を通してささやかながら母校の役に立てたのではないかと、感謝しています。

日本は紙の文化が大事にされる一方、図書の電子化が遅れていました。しかし、今般のコロナ禍《か》によって、人と人とが密接に集い合う従来の図書館像は大きな制約に直面しています。そのため長期的には電子書籍の比率が増えていき、大学の図書館も最先端のところは電子化が進んでいくでしょう。この流れを踏まえながら新しい図書館の姿を構想していくことが私たちに求められていると思います。

松原は、本と読者との出合いの場を作るのが書店なんだ、という哲学をもっていました。街の本屋のみならず、大学の図書館等にも事業のコンセプトを拡大していった背景にはこの哲学があります。一昨年（二〇一九年）、海外にある弊社の店舗を訪《おとず》れました。夜の時間帯にもかかわらず、店内はお客さまで溢《あふ》れていて、良書を求める息吹《いぶき》というものは国境を越えても変わらないのだなと嬉《うれ》しくなりました。コロナ禍であっても「本を読む喜び」に変わりはありません。書店や図書館に足を運べば、いつでも本と出合えるのです。

初出　月刊『潮』

希望をつなぐ人篇(1)　(二〇二一年三月号)
希望をつなぐ人篇(2)　(二〇二一年四月号)
希望をつなぐ人篇(3)　(二〇二一年六月号)
希望をつなぐ人篇(4)　(二〇二一年七月号)
希望をつなぐ人篇(5)　(二〇二一年八月号)
希望をつなぐ人篇(6)　(二〇二一年九月号)
希望をつなぐ人篇(7)　(二〇二一年十一月号)
希望をつなぐ人篇(8)　(二〇二一年十二月号)
希望をつなぐ人篇(9)　(二〇二二年一月号)
識者の声篇　(二〇二一年五月号、十月号)

民衆こそ王者　池田大作とその時代 19
「知性の武器庫――図書館」篇

2024 年 1 月 2 日　初版発行

著　者　「池田大作とその時代」編纂委員会
発行者　南 晋三
発行所　株式会社　潮出版社
〒 102-8110　東京都千代田区一番町 6 一番町 SQUARE
電話　03-3230-0781（編集部）
03-3230-0741（営業部）
振替　00150-5-61090
印刷・製本　大日本印刷株式会社
© Ikeda Daisaku to sono jidai hensan iinkai 2024
Printed in Japan　ISBN978-4-267-02309-5　C0095
落丁・乱丁本は送料弊社負担でお取り替えいたします。営業部にご一報ください。
本書の全部または一部のコピー、電子データ化等の無断複製は、
著作権法上の例外を除いて禁じられています。
本書を代行業者等の第三者に依頼して電子的複製をおこなうことは、
個人、家庭内等使用目的であっても著作権法違反となります。
［https://www.usio.co.jp］